REDAKTION

Hannelore Mezei

MedMedia Verlag, Wien

Von der Depression zur Lebensfreude

Dr. Hans Jörg Schelling

Depression ist eine weit verbreitete und ernst zu nehmende Krankheit, die viele Erscheinungsformen zeigt. Eine wichtige Voraussetzung für eine erfolgreiche Behandlung ist das Wissen um die Erkrankung und ihre Symptome.

Der Sozialversicherung ist es ein besonderes Anliegen, über Depressionen aufzuklären sowie gefährdete Personen, Betroffene und deren Angehörige über rechtzeitiges Erkennen und die richtige Behandlung ausführlich zu informieren. Das vierte Buch unserer Reihe „Gesund werden. Gesund bleiben." ist daher diesem Thema gewidmet.

Im vorliegenden Ratgeber finden Sie neben allgemeinen Informationen über diese Krankheit Wissenswertes über Symptome, Ursachen und Begleiterkrankungen von Depressionen. Wir wollen Ihnen mit diesem Buch auch eine Hilfestellung für Ihr eigenes Handeln geben, um eine gute Lebensqualität wiederzuerlangen.

Das Buch ist praxisnah geschrieben und enthält wichtige Informationen für Betroffene und deren Angehörige. Ich hoffe, dass das Buch eine hilfreiche Unterstützung im Umgang mit dieser weit verbreiteten Krankheit ist – egal, ob Sie selbst davon betroffen sind oder sich nur über die wichtigsten Aspekte von Depressionen informieren wollen.

Dr. Hans Jörg Schelling
Vorsitzender des Verbandsvorstandes, Hauptverband der österreichischen Sozialversicherungsträger

Depressionen sind heute gut behandelbar

Univ.-Prof. Dr. Johannes Wancata

Der Begriff Depression hat mittlerweile so stark Einzug in unser Leben gehalten, dass er auch für viele andere Dinge des Alltags verwendet wird, die gar nichts mit der Krankheit Depression zu tun haben. Dieses Buch klärt über die Krankheit Depression auf.

Im Laufe des Lebens erkrankt etwa jeder fünfte bis siebente Österreicher an einer Depression. Das Vorhandensein dieser Krankheit erhöht das Risiko für das Auftreten weiterer körperlicher oder seelischer Leiden. Depressionen können aber auch die Heilung von internistischen, neurologischen oder psychischen Erkrankungen verlangsamen. Depressionen sind also nicht nur eine häufige, sondern auch eine ernst zu nehmende Erkrankung.

Die gute Nachricht ist, dass Depressionen heute gut und wirksam behandelt werden können. Die zur Behandlung eingesetzte Psychotherapie und Soziotherapie sind ebenso wie die Medikamente hochwirksam. Durch diese Therapien lassen sich auch viele der erwähnten negativen Krankheitsfolgen verringern oder zur Gänze vermeiden.

Leider gibt es noch immer zahlreiche falsche und missverständliche Vorstellungen über Depressionen und deren Behandlung. Jene Menschen, die unter dieser Krankheit leiden, sowie deren Familienangehörige und Freunde sind daher manchmal verunsichert und haben viele Fragen, auf die sie oft keine Antworten finden. Ihnen ist dieses Buch gewidmet. Das Buch soll ihnen helfen, die Erkrankung und deren Symptome sowie die daraus resultierenden Probleme im Alltag besser zu verstehen. Dieses Wissen hilft dabei, die Krankheit besser zu bewältigen und rascher wieder gesund zu werden.

Möge dieses Buch dazu beitragen, dass die Betroffenen ihr Leben und ihren Alltag schneller wieder genießen können.

Univ.-Prof. Dr. Johannes Wancata
Professor für Sozialpsychiatrie und Abteilungsvorstand der Klinischen Abteilung für Sozialpsychiatrie, AKH und Medizinische Universität Wien

INHALT

1. DIE FAKTEN

Depression – eine kleine Einführung
- Was versteht man unter Depression? **16**
- Ein Begriff – viele Fehldeutungen **17**
- Irrtümer und Wahrheiten **18**
- Depression in Zahlen **21**
- Die Krankheit und ihre Folgeprobleme **25**
- Depression in Spitälern und Heimen **27**
- Verkürzte Lebenserwartung **28**
- Ihre Fragen – unsere Antworten **29**

2. SYMPTOME

Die vielen Gesichter der Depression
- Betroffene erzählen **33**
- Die Symptome einer Depression **36**
- Erste Warnzeichen **47**
- Niedergeschlagen bedeutet nicht depressiv **50**
- Die nicht erkannte Depression **53**
- Die Suizidgefahr **56**
- So verlaufen Depressionen **64**
- Ihre Fragen – unsere Antworten **68**

3. URSACHEN

Wie eine Depression entsteht
- → Betroffene erzählen — 73
- → Viele Faktoren wirken zusammen — 76
- → Botenstoffe außer Balance — 77
- → Die Rolle der Vererbung — 79
- → Depression – eine Fehlanpassung an Stress — 81
- → Negative Erfahrungen verzerren die Realität — 81
- → Psychosoziale Faktoren — 82
- → Wenn Medikamente zu Depressionen führen — 84
- → Körperliche Erkrankungen — 85
- → Weitere biologische und soziale Ursachen — 86
- → Sonderform: Bipolare Störung — 88
- → Ihre Fragen – unsere Antworten — 90

Burn-out – eine Depression?
- → Kennzeichen eines Burn-outs — 94
- → Woher kommt ein Burn-out? — 95
- → Verlauf eines Burn-outs — 96
- → Wer ist von Burn-out besonders häufig betroffen? — 100
- → „Ausgebrannt" oder krank? — 101
- → Ihre Fragen – unsere Antworten — 102

4. BEGLEITERKRANKUNGEN

Eine Depression kommt selten allein
Depression bei:
- → Erkrankungen der inneren Medizin — 108
- → Erkrankungen des Nervensystems — 109
- → Angsterkrankungen — 111
- → Alkoholabhängigkeit — 113
- → Persönlichkeitsstörungen — 115
- → Schlafstörungen — 117
- → Ihre Fragen – unsere Antworten — 120

INHALT

5. DIAGNOSE UND BEHANDLUNG

Hilfe ist möglich!
- Betroffene erzählen — 125
- Keine Zeit verlieren! — 128
- Verdacht auf Depression: Das macht der Arzt — 128
- Welcher Experte kann wie helfen? — 134
- Allgemeinmediziner oder Spezialist? — 138
- Wann ist eine stationäre Aufnahme sinnvoll? — 141
- Grundlagen der Depressionsbehandlung — 145
- Behandlung mit Medikamenten — 146
- Antidepressiva im Überblick — 150
- Wie finde ich den richtigen Psychotherapeuten? — 155
- Behandlung durch Psychotherapie — 157
- Andere Behandlungsmöglichkeiten — 165
- Selbsthilfemaßnahmen — 171
- Rehabilitation — 178
- Rückfälle erkennen und vermeiden — 185
- Ihre Fragen – unsere Antworten — 188

6. LEBEN MIT DEPRESSION

Den Alltag bewältigen
- Betroffene erzählen — 194
- Wenn tägliche Aktivitäten zum Problem werden … — 198
- Depression im Arbeitsalltag — 201
- Umgang mit Schlafstörungen — 203
- Ihre Fragen – unsere Antworten — 205

Familie und Umfeld
- Was tun, wenn der Partner an einer Depression erkrankt? — 208
- Wenn Mitarbeiter depressiv werden … — 215
- Ihre Fragen – unsere Antworten — 218

7. KINDER UND JUGENDLICHE

Depression kennt kein Alter
→ Ausschnitte aus einer Therapiesitzung **223**
→ Auch Kinder sind betroffen **226**
→ Wie äußert sich die Depression bei einem Kind? **227**
→ Missverstanden und unerkannt **228**
→ Depression im Verlauf der kindlichen Entwicklung **229**
→ Gefahr Suizid **233**
→ Woher kommt die Depression bei Kindern? **238**
→ Diagnose: Allgemeinmediziner, Kinderarzt oder Psychiater? **243**
→ Wie verläuft eine kindliche Depression? **243**
→ Behandlung **244**
→ Ihre Fragen – unsere Antworten **248**

8. WISSENSWERTES

Nützliche Informationen
→ Wo Sie Unterstützung finden **251**
→ Glossar: Was bedeutet was? **252**

Die Fakten

KAPITEL 1

Depression – eine kleine Einführung

Wir alle kennen glückliche und freudvolle Zeiten. Jeder Mensch erlebt aber auch Phasen, in denen er traurig oder niedergeschlagen ist. Beides ist Teil des ganz normalen Lebens. Gelegentliche Niedergeschlagenheit muss nicht automatisch mit dem Krankheitsbild einer Depression zu tun haben. Es ist aber für einen Laien nicht immer leicht zu erkennen, was eine normale Reaktion ist und was bereits als Krankheit gilt.

Nicht immer muss es eine Depression sein, wenn jemand traurig ist

Was versteht man unter Depression?

Als Depression bezeichnet man eine länger dauernde Zeitspanne, in der die Stimmung traurig-gedrückt ist und Dinge, die früher Spaß gemacht haben, keine Freude mehr bereiten. In diesen Phasen ist üblicherweise auch die innere Energie (= Antrieb) vermindert. Es kostet enorme Überwindung, die Anforderungen des Alltags zu bewältigen. Betroffene verlieren dann typischerweise das Interesse an jenen Dingen, die ihnen sonst wichtig sind.
Depression ist eine Krankheit und muss unbedingt ernst genommen werden. Sie kann schwer wiegende negative Folgen haben, wenn sie nicht behandelt wird.

Aber: Depressionen können heute ausgezeichnet behandelt werden und die Erfolgsquoten der Behandlung sind sehr gut!

Ein Begriff – viele Fehldeutungen

Den Begriff „Depression" kennt heutzutage wohl jeder. Die Verwendung des Begriffs ist mittlerweile weit verbreitet und es kann sein, dass die Bedeutung mit dem Krankheitsbild nichts zu tun hat.

Einige Beispiele, wie häufig der Begriff falsch verwendet werden kann:

→ **Beispiel 1:** Eine Tageszeitung befragt Prominente vor Weihnachten nach dem besten Mittel „im Kampf gegen die Feiertagsdepression". Gemeint ist, wie die befragten Prominenten mit überzogenen Erwartungen an Weihnachten und mit der Enttäuschung umgehen, wenn sich diese Wünsche als unrealistisch herausstellen. **Handelt es sich hier um eine Depression?** Nein. Das ist keine Krankheit, man darf auch enttäuscht sein!

→ **Beispiel 2:** Ein Magazin interviewt Experten, was diese bei einer „Urlaubsdepression" raten. Gemeint ist wohl die in den ersten Urlaubstagen oft schlechte Stimmung, weil man den Übergang vom stressigen Alltag in die Ruhe noch nicht geschafft hat. **Handelt es sich hier um eine Depression?** Nein. Auch wenn es uns in manchen Situationen nicht gut geht, ist das noch keine Krankheit.

Eine Enttäuschung ist keine Depression

→ **Beispiel 3:** Im Internet berichten Betroffene von der „Posturlaubsdepression", für die empfohlen wird, sich nicht auszumalen, wie lange es noch bis zum nächsten Urlaub dauert, sondern Plätze der Erholung im Alltag zu schaffen. **Handelt es sich hier um eine Depression?** Nein. Auch die Schwierigkeiten, sich wieder mit dem Arbeitsalltag zurechtzufinden, sind nicht als Krankheit zu werten.

Die Lebenssituation kann beim Entstehen dieser Krankheit zwar mitspielen, trotzdem darf Depression nicht mit kurzfristiger Niedergeschlagenheit und Lustlosigkeit verwechselt werden, die man in unangenehmen oder lästigen Situationen empfindet.

Irrtümer und Wahrheiten

So wie der Begriff der Depression oft falsch verwendet wird, kursieren auch immer wieder falsche Meinungen und Vorstellungen über die Ursachen und die Behandlung von Depressionen. Hier die häufigsten Irrtümer:

Falsch: „Jemand, der eine Depression hat, muss sich nur zusammenreißen – das heißt, er sollte sich nicht so gehen lassen."
Richtig: Wenn jemand unter einer Depression leidet, fehlt oft der Elan, die innere Energie. Selbst kleinste Tätigkeiten kosten dann enorm viel Kraft. Einem depressiven Menschen zu raten, er solle sich zusammenreißen, ist völlig sinnlos und führt häufig nur zu einer Überforderung. Phrasen wie „positiv denken" vermitteln dem Kranken lediglich, dass man ihn nicht versteht.

Depression – eine kleine Einführung | **KAPITEL** 1

Frust nach dem Urlaub ist keine Depression

Falsch: „Nur labile Personen bekommen eine Depression."
Richtig: Depression hat nicht das Geringste mit Schwäche oder mangelnder innerlicher Festigkeit zu tun, sondern ist eine Erkrankung, die durch vielfältige Faktoren ausgelöst werden kann.

Falsch: „Wer eine Depression bekommt, ist selber daran schuld."
Richtig: Bei vielen Menschen, die eine Depression entwickeln, finden sich keine äußeren Ursachen. Bei der Entstehung von Depressionen spielen biochemische Prozesse im Gehirn eine wichtige Rolle.

Falsch: „Wenn man niedergeschlagen ist, kann man sich nur selber helfen."
Richtig: Eine seelische Erkrankung braucht eine professionelle Behandlung. Es ist enorm wichtig, sich fachliche Hilfe zu holen.

Falsch: „Die meisten Menschen mit Depressionen simulieren nur, täuschen also eine Krankheit vor."
Richtig: Nein, im Gegenteil! Depression ist eine sehr ernst zu nehmende Krankheit, die oft mit schwer wiegenden Folgen und Komplikationen einhergeht. So sterben Menschen mit Depressionen zum Beispiel einige Jahre früher als jene, die nicht unter Depressionen leiden.

Falsch: „Wer in einer schlechten Beziehung lebt, wird depressiv."
Richtig: Die Beziehung zum Partner oder zu anderen Menschen ist nicht an der Erkrankung schuld. Die Familie ist vielmehr selbst sehr belastet, wenn in ihrer Mitte jemand unter Depressionen leidet. Viele Angehörige versuchen dem Kranken zu helfen, sind aber in ihren Bemühungen oft erfolglos, weil sich eine Krankheit nicht durch Bemühen behandeln lässt.

Falsch: „Depressionen sind ein typisches Zeichen unserer Zivilisation."
Richtig: Depressionen kommen in allen Weltregionen, allen Kulturen und seit Menschengedenken vor. Depression wird inzwischen jedoch häufiger erkannt und ist weniger ein Tabu.

Eine schlechte Beziehung kann belastend sein. Die alleinige Ursache für eine Depression ist sie aber nicht

Depression in Zahlen

Depressionen zählen zu den häufigsten, aber hinsichtlich ihrer Bedeutung stark unterschätzten Erkrankungen. Das Risiko, im Laufe des Lebens an einer Depression zu erkranken (= Lebenszeitprävalenz), liegt bei 13–20% *(Tab. 1)*. Etwa ein Viertel der Betroffenen leidet an einer chronischen Verlaufsform einer Depression (= Dysthymie), während rund drei Viertel einen episodenhaften Verlauf zeigen.

Bei der chronischen Verlaufsform bleibt die Depression anhaltend bestehen. Beim episodenhaften Verlauf kommt es in unregelmäßigen Abständen immer wieder zu Krankheitsphasen. Für Österreich schätzt man, dass im Laufe eines Jahres etwa 500.000 Menschen an einer Depression erkranken.

Bei einem kleinen Teil der Betroffenen treten depressive Phasen abwechselnd mit manischen Episoden auf. Diese so genannten „bipolaren Störungen" (früher auch manisch-depressive Erkrankung genannt) werden als eigenständige Erkrankung von der Depression abgegrenzt.

Tab. 1: Wahrscheinlichkeit, an einer Depression zu erkranken

	Frauen	Männer	Beide Geschlechter
Im Laufe eines Lebens erkranken:	16–22%	8–12%	13–20%
Im Laufe eines Jahres erkranken:	8–11%	5–8%	6–10%

Quelle: ESEMeD 2004

Depression kann zwar in jedem Lebensalter, auch bei Kindern und Jugendlichen, auftreten. Am häufigsten zeigt sich die Krankheit aber erstmals zwischen dem 35. und 45. Lebensjahr

Frauen und Mädchen stärker gefährdet

Frauen sind häufiger von depressiven Störungen betroffen als Männer. Ihr Erkrankungsrisiko ist mit einer Lebenszeitprävalenz von 16–22% nahezu doppelt so hoch wie bei Männern mit 8–12%. Auch in Bezug auf die 1-Jahres-Prävalenz liegen Frauen aller Altersgruppen deutlich vor den gleichaltrigen Männern. Bei Frauen zeigt sich die Depression als Ersterkrankung außerdem deutlich früher als bei Männern. Auch dauern die depressiven Episoden bei Frauen länger und die Rückfallgefahr ist höher.

Neuere Studien lassen vermuten, dass das Erkrankungsrisiko für Mädchen und junge Frauen steiler ansteigt als für ihre männlichen Altersgenossen. Mädchen weisen möglicherweise schon vor Beginn der Pubertät latent mehr Risikofaktoren auf, die dann angesichts der vielfältigen Veränderungen und Herausforderungen im Jugendalter das Entstehen einer Depression begünstigen.

Allerdings ist bislang unklar, ob sich die Geschlechtsunterschiede im mittleren und höheren Lebensalter angleichen. Denn besonders bei älteren Menschen zeigen sich die Symptome einer Depression häufig als Begleiterscheinung körperlicher Erkrankungen, sodass sie als Depression an sich zahlenmäßig nicht genau erfasst werden können.

8 bis 12 % der Männer erkranken im Laufe ihres Lebens an Depression

Gibt es ein „kritisches" Alter?

Depressionen treten in jedem Lebensalter auf. Das durchschnittliche Alter, in dem sich die Krankheit erstmals bemerkbar macht, liegt zwischen dem 35. und 45. Lebensjahr. Allerdings gibt es Hinweise, dass die Erkrankung heute zunehmend früher beginnt.
Im höheren Lebensalter sind Depressionen die häufigste psychische Erkrankung. Sehr oft besteht ein Zusammenhang mit körperlichen Erkrankungen und Funktionseinschränkungen.

Einfluss von Beziehung, Arbeit, Wohnsituation

Eher betroffen sind zudem Menschen ohne enge Bezugsperson bzw. vom Partner getrennt lebende, geschiedene und verwitwete Personen. Berufstätige weisen eine deutlich niedrigere Depressionsrate auf als Arbeitslose oder Menschen, die sich in Arbeitsunfähigkeitspension befinden (Tab. 2).
Eine Rolle spielt darüber hinaus die Wohnsituation: Wer in einer städtischen Umgebung und/oder in einer Mietwohnung lebt, ist statistisch stärker gefährdet als jemand, der auf dem Land und in einem Eigenheim wohnt.

Tab. 2: Soziale Risikofaktoren

Gesellschaftsschicht:

Das Risiko, im Laufe eines Jahres an einer Depression zu erkranken, ist bei Menschen aus niedrigen sozialen Schichten fast doppelt so hoch wie bei Personen aus hohen sozialen Schichten.

Bildung:

Menschen, die kürzer als 4 Jahre eine Schule besucht haben, sind im Vergleich zu Menschen mit zumindest 12 Jahre dauernder Schulbildung 1,6-mal so oft von Depressionen betroffen.

Wohnort:

Die Erkrankungsrate ist bei Flüchtlingen nahezu doppelt so hoch wie bei Menschen, die schon lange in einem Land leben.

Menschen in städtischer Umgebung haben ein um 30% erhöhtes Risiko für Depressionen.

Arbeitssituation:

Die 1-Jahres-Prävalenz (Häufigkeit, innerhalb eines Jahres an einer Depression zu erkranken) bei Berufstätigen liegt bei 3,4%.

Arbeitslose Menschen weisen im Laufe eines Jahres eine Depressionsrate von 9,1% auf.

Bei Hausfrauen beträgt das Risiko 5,0%.

Personen, die eine Arbeitsunfähigkeitspension beziehen, sind mit 17,9% am häufigsten betroffen.

Beziehungen:

Menschen, die geschieden sind oder vom Partner getrennt leben, leiden 1,9-mal so oft unter einer depressiven Erkrankung wie Personen in intakten Beziehungen.

Depression – eine kleine Einführung | **KAPITEL** 1

Die Krankheit und ihre Folgeprobleme

Krankheiten können generell die verschiedensten negativen Auswirkungen haben – von Problemen am Arbeitsplatz über Schwierigkeiten in der Beziehung mit anderen Menschen bis hin zu Problemen, allein in einer Wohnung zu leben. Letztlich kann dies in weiterer Folge zu Arbeitslosigkeit, Frühpensionierung, Scheidung, sozialer Isolation oder der Notwendigkeit einer Aufnahme in ein Heim führen.

Wenn man solche Folgen einer Krankheit zusammenfasst, zeigt sich, dass Depressionen in Bezug auf die Häufigkeit der negativen Konsequenzen im Spitzenfeld aller Erkrankungen liegen. Nach Berechnungen der Weltgesundheitsorganisation (WHO) werden sie im Jahr 2030 die höchste Last an Krankheitsfolgen in der Weltbevölkerung verursachen – noch vor Atemwegserkrankungen, Herzerkrankungen oder Gelenkentzündungen.

Depressionen haben in vielen Lebensbereichen negative Auswirkungen

Depressionen reduzieren die berufliche Leistungsfähigkeit, da neben der allgemeinen Antriebsverminderung auch die Konzentration und andere kognitive Funktionen betroffen sind. Depressive Arbeitnehmer haben wesentlich mehr Arbeitsunfähigkeitstage im Monat als nicht depressive Arbeitnehmer. In vielen Ländern machen Depressionen sogar einen erheblichen Anteil der Ursachen für Frühpensionierungen aus.

Eine Studie in mehreren europäischen Ländern (ESEMeD-Studie) hat versucht, den Einfluss verschiedener Erkrankungen auf Einschränkungen der Arbeitsfähigkeit im letzten Monat zu erfassen *(Tab. 3)*.

Tab. 3: Der Einfluss verschiedener Erkrankungen auf die Arbeitsfähigkeit

Erkrankungen	Anteil der Tage mit eingeschränkter Arbeitsfähigkeit
Chronisch verlaufende Depression (Dysthymie)	28%
Depressive Episode	25%
Herzerkrankung	18%
Arthritis und Rheuma	15%
Lungenerkrankung	13%
Diabetes mellitus	12%

Quelle: ESEMeD 2004

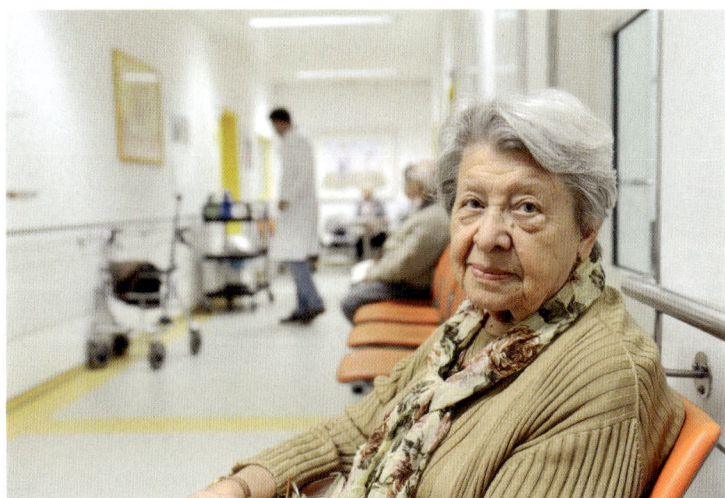

Die Depressionsrate in Spitälern und Heimen ist erhöht

Depression in Spitälern und Heimen

Etwa jeder zehnte Patient, der in Österreich an einer internen oder chirurgischen Krankenhausabteilung aufgenommen wird, leidet während des Krankenhausaufenthalts an einer Depression.
In Österreichs Alten- und Pflegeheimen ist diese Rate noch etwas höher und liegt bei etwa 14%. Diese erhöhten Raten in Heimen spiegeln die Tatsache wider, dass Menschen mit lang dauernden Erkrankungen und krankheitsbedingten Problemen im Alltag gehäuft von Depressionen betroffen sind.

Hohe Dunkelziffer

Weltweit wird die überwiegende Mehrzahl von Menschen mit depressiven Erkrankungen vom praktischen Arzt behandelt. Nach den Ergebnissen einer Studie der WHO werden depressive Erkrankungen in etwa der Hälfte aller Fälle gar nicht diagnostiziert. Oft gehen die Betroffenen nicht zum Arzt, weil sie nicht

wissen, dass sie unter einer ernst zu nehmenden Krankheit leiden. Wenn sie doch den Arzt aufsuchen, dann berichten sie oft über körperliche Symptome der Depression wie verminderten Appetit oder Gewichtsverlust, erwähnen aber die psychischen Anzeichen wie Traurigkeit oder Energielosigkeit nicht. Weniger Appetit und Gewichtsabnahme lassen sich zumeist leichter klar beschreiben als Gefühle.
Trotzdem ist es wichtig, den Arzt darüber zu informieren! Denn: Eine Depression, die vom Arzt nicht diagnostiziert wurde, kann nicht behandelt werden!

Verkürzte Lebenserwartung

Es ist seit Langem bekannt, dass Depressionen die Lebenserwartung verkürzen. So versterben depressive Patienten deutlich öfter an Infektionen, Atemwegserkrankungen oder neurologischen Krankheiten. Aus der internen Medizin ist bekannt, dass beispielsweise nach einem Herzinfarkt das Sterberisiko deutlich höher ist, wenn der Patient zusätzlich an einer Depression leidet. Darüber hinaus besteht natürlich die Gefahr des Suizids.

Ihre Fragen – unsere Antworten

→ *Jedes Mal, wenn ich von einem Urlaub nach Hause komme und wieder in die Arbeit muss, bin ich deprimiert. Habe ich eine Depression?*
Nein. Die Lebenssituation kann am Entstehen der Krankheit Depression zwar mitbeteiligt sein; eine kurzfristige Niedergeschlagenheit und Lustlosigkeit darf aber nicht mit einer echten Depression verwechselt werden.

→ *Was versteht man unter einer „echten" Depression?*
Eine krankhafte Depression liegt dann vor, wenn die Stimmung über eine längere Zeitspanne gedrückt ist, Dinge, die früher Spaß gemacht haben, keine Freude mehr bereiten und es enorme Überwindung kostet, die Anforderungen des Alltags zu bewältigen.

→ *Kann man mit Selbsthilfemaßnahmen und starkem Willen aus der Depression herausfinden?*
Nein. Eine Depression benötigt als Krankheit eine professionelle Behandlung.

→ *Gibt es Lebensumstände, die vor einer Depression schützen können?*
Wie Untersuchungen zeigen, stellen stabile persönliche Beziehungen einen gewissen Schutzfaktor dar.

Symptome

KAPITEL 2

Die vielen Gesichter der Depression

Betroffene erzählen:
Ich habe die Anzeichen nicht erkannt

Wir standen mitten im Leben, waren fröhlich und unbeschwert. Doch Ilse war anders. Immer wieder zwischendurch ein bisschen „muffig", schlecht gelaunt. Der kleinste Fehler beim Tennis und Ilse ließ uns auf dem Tennisplatz zu dritt stehen. „Nicht einmal so einen einfachen Ball kann ich retournieren", murrte sie und war verschwunden.

Ein anderes Mal beschwerte sie sich, dass ihr das schöne Wetter auf die Nerven gehe: „Schon wieder scheint die Sonne! Jetzt reicht es mir bald." Dazwischen gab es allerdings (lange) Phasen, in denen Ilse war wie wir. Wir mochten Ilse, aber manchmal nervte sie eben ein wenig mit ihrer Launenhaftigkeit. Gedanken darüber machte sich keiner von uns. Depression war für uns ein Begriff, den wir nicht mit unserer Freundin in Verbindung brachten – bis sie eines Tages zu mir kam und mir erzählte, der Arzt habe ihr Tabletten gegen ihre Depression verordnet. Die nehme sie jetzt und sie fühle sich viel besser. Ilse und Depression?

Sie war doch eher launenhaft und unfreundlich als traurig! Von den vielfältigen Symptomen einer Depression hatte ich schließlich keine Ahnung.

Leider kam es mir auch nie in den Sinn, darüber nachzulesen. Denn Ilse ging es gut, wir hatten Spaß und ihre „Launenhaftigkeit" war verschwunden. Es ging ihr sogar so gut, dass sie aufhörte, die Tabletten zu nehmen. „Ich brauche sie nicht mehr", meinte sie. Dann mein Umzug in eine andere Stadt. „Nimm diese Brosche, damit du eines Tages etwas von mir hast!" – Ein Satz von ihr, der heute alle Alarmglocken in mir zum Läuten brächte. Damals leider nicht. „Ich bin ja nicht aus der Welt, nur in einer anderen Stadt. Wir sehen uns ja nach wie vor", erwiderte ich. Ilse lächelte dazu. Ein paar Mal besuchten wir einander tatsächlich. Eines Tages rief ich sie an, um meinen geplanten nächsten Besuch bei ihr zu verschieben. Mein Mann hatte eine Reise nach Rom gebucht. Ilse wurde am Telefon immer stiller. Dann meinte sie, sie sehe das natürlich ein, Rom sei ja sehr schön. Aber wir sollten jetzt nicht länger mein Geld für ein Telefongespräch verschwenden, wo sie doch im Moment ohnehin nicht zum Plaudern aufgelegt sei. Es hätte beim Tennis einen Streit mit ihrem Mann Christian gegeben. Kurz war ich zwar alarmiert, aber der Streit beim Tennis klang dann doch recht harmlos und alltäglich. „Ich ruf dich an, wenn ich besser drauf bin", war das Letzte, was ich von meiner Freundin hörte.

Am nächsten Tag dann der schreckliche Anruf ihrer Mutter. Schlaftabletten.

20 Jahre sind seither vergangen. Jahre, in denen mich Schuldgefühle plagten, in denen ich von der Ursache für den Tennisstreit – Christians Affäre mit einer anderen Frau – erfahren und in denen ich viel über Depressionen gelernt habe. Ich weiß nicht, ob ich Ilses Suizid hätte verhindern können. Ich weiß heute aber, auf welche Warnzeichen ich bei meinen Mitmenschen achten muss; ich könnte die Anzeichen einer Depression erkennen und einen Arzt hinzuziehen. Und ich weiß, wie gefährlich es ist, Medikamente eigenmächtig abzusetzen ...

Hanna, 49, Journalistin

Die Symptome einer Depression

Depressionen werden von Außenstehenden nicht immer als solche erkannt, man hält Betroffene mitunter für unfreundlich, arbeitsunwillig, labil. Andererseits werden aber auch harmlose vorübergehende Stimmungsschwankungen oft als Depressionen bezeichnet. Die „echte" Depression kann sich in unterschiedlichen Symptomen äußern, die gleichzeitig oder auch einzeln auftreten können. Im Folgenden finden Sie einen Überblick über die vielen Gesichter der Depression.

→ Gedrückte oder traurige Stimmung

Die gedrückte, traurige Stimmung ist eines der typischen Zeichen einer Depression. Allerdings muss sie nicht immer auf eine Erkrankung hinweisen.
Jeder Mensch kennt es, traurig zu sein, beispielsweise wenn man einen nahestehenden Menschen verloren oder eine Enttäuschung erlebt hat. In diesen Fällen ist die traurige, gedrückte Stimmung meist nicht durchgehend während des ganzen Tages vorhanden, sondern vor allem zu jenen Zeiten, in denen man an die Enttäuschung oder den Verlust erinnert wird. Wird die Traurigkeit durch einen Verlust oder eine Enttäuschung hervorgerufen, so gelingt es nahestehenden Menschen oft, den Betroffenen aus dieser Stimmung herausholen und aufzuheitern.

*Ist Ihr Bekannter unfreundlich, wirkt er faul?
Es könnte eine Depression dahinterstecken*

Bei einer Depression hingegen ist die traurige, niedergeschlagene Stimmung (fast) ständig während des ganzen Tages vorhanden. Dieser Zustand ist dann nicht auf einige wenige Tage beschränkt, sondern besteht konstant über längere Zeiträume, zumeist mehrere Wochen. Im Falle einer Depression sind auch intensive Bemühungen des Umfeldes, den Kranken aus dieser traurigen Stimmung herauszuholen, vergeblich.
Bei manchen Menschen zeigt sich die Depression nicht so sehr in Traurigkeit und Niedergeschlagenheit, sondern sie sind gereizt und missmutig. Dies ist allerdings eine eher seltene Form dieser Erkrankung.

→ Interessenverlust

Menschen, die unter einer Depression leiden, können sich nicht über Dinge oder Erlebnisse freuen, die sie normalerweise genießen würden. Während einer depressiven Phase haben die Betroffenen auch kein oder weniger Interesse, Tätigkeiten nachzugehen, an denen sie sonst Gefallen finden. Versuche anderer Personen, dem Kranken durch gemeinsame Aktivitäten Freude oder angenehme Erlebnisse zu vermitteln, sind typischerweise erfolglos, weil die Patienten nicht in der Lage sind, Glück zu erleben. Manche Familienmitglieder haben dann fälschlicherweise den Eindruck, dass die Person sie nicht mag und ablehnt. Für die Familie ist es nämlich oft sehr schwer zu verstehen, dass es dem Betroffenen gar nicht möglich ist, sich über die Zuneigung oder Zuwendung anderer zu freuen.

Betroffene verlieren manchmal auch die Lust am Sex

Manche Kranke verlieren in diesem Zusammenhang auch das Interesse und die Freude an Sexualität. Bei Männern kann es durch die Depression außerdem zu Erektionsstörungen kommen. Allerdings kann nicht nur die Depression selbst Erektionsstörungen verursachen. Auch manche Medikamente, die zur Behandlung eingesetzt werden, lösen Potenzprobleme aus. Daher ist es wichtig, dieses Symptom dem Arzt mitzuteilen, damit er dies bei der Auswahl der Medikamente berücksichtigt.

→ Verminderter Antrieb oder rasche Ermüdbarkeit

Der Elan und die innere Energie sind bei Menschen mit Depressionen deutlich herabgesetzt (= verminderter Antrieb). Depressive Menschen fühlen sich auch rasch müde und sind selbst nach nur geringen Anstrengungen erschöpft. Die Betroffenen kostet es daher meist enorm viel Überwindung und Anstrengung, auch nur einfache Tätigkeiten im Alltag durchzuführen. Oft entsteht der Eindruck, sie wären faul. Das sind sie jedoch keinesfalls, sondern sie müssen sich überdurchschnittlich anstrengen, um mit dem Alltag zurechtzukommen. Aus diesem Grund kommt es oft vor, dass die Kranken sich selbst oder ihre Wohnung vernachlässigen.

Ein weiteres Symptom, das häufig als Faulheit fehlinterpretiert wird, ist der oft fehlende Einsatz im Beruf. Vielen depressiven Menschen fällt es nämlich sehr schwer, ihrer Arbeit überhaupt nachzugehen. Manche Kranke bemühen sich zwar mit enormem Aufwand, ihre Aufgaben nach wie vor zufriedenstellend zu erledigen, doch die Arbeitsleistung ist trotzdem oft deutlich herabgesetzt.

→ Vermindertes Denk- und Konzentrationsvermögen

Die meisten Menschen, die unter einer Depression leiden, haben den Eindruck, dass ihre Fähigkeit, sich zu konzentrieren und logisch zu denken, nachgelassen hat. Bei schweren Depressionen kann das Denk- und Konzentrationsvermögen nicht nur subjektiv, sondern tatsächlich herabgesetzt sein, was sich sogar in Untersuchungen zeigt. Oft besteht auch das Gefühl, die Gedanken drehten sich ständig im Kreis, ohne zu einer Lösung zu führen.
Ältere Menschen mit Depression können daher irrtümlich den Eindruck einer beginnenden Demenzerkrankung erwecken. Klagen alte Menschen über Vergesslichkeit und Probleme mit der Konzentration, sollte immer auch vom Arzt untersucht werden, ob es sich nicht vielleicht um eine Depression handelt, die eine Demenz vortäuscht.

→ Innere Hemmung oder Unruhe

Jemand, der unter einer Depression leidet, wirkt für andere Menschen oft verlangsamt. Es entsteht der Eindruck, der Betroffene würde sich gemächlicher bewegen, auf seine Umgebung verzögert reagieren und langsamer sprechen.
Einige Kranke berichten hingegen über innere Unruhe. Sie haben das quälende Gefühl, sich nicht entspannen zu können, sondern quasi ständig getrieben zu sein. Diese Unruhe kann sich auch auf die Bewegungen auswirken, z.B. durch ständiges Auf- und Abgehen oder fahrige Bewegungen.

→ Vermindertes Selbstvertrauen und Selbstwertgefühl

Jemand, der den Eindruck hat, weniger zu leisten und sich nicht konzentrieren zu können, verliert leicht das Vertrauen in die eigenen Fähigkeiten. Daher ist mangelndes Selbstvertrauen eine häufige Begleiterscheinung einer Depression. Die Betroffenen halten sich dann selbst oft für wertlos oder sogar schlecht. So eine negative und falsche Selbstwahrnehmung kann manchmal durch kritische Kommentare nahestehender Menschen noch verstärkt werden.

→ Selbstvorwürfe oder Schuldgefühle

Viele Menschen mit einer Depression machen sich selbst Vorwürfe, weil es ihnen schlecht geht und ihre Leistungsfähigkeit (zumindest subjektiv) herabgesetzt ist. Sie glauben, dass sie schuld an ihrem Zustand sind – auch wenn sie letztlich nicht sagen können, worin ihr Fehler liegt. Manchmal entwickeln die Kranken sogar ganz konkrete Vermutungen, was sie falsch gemacht haben und weshalb es ihnen schlecht geht (z.B. zu viel gearbeitet, zu wenig Zeit für den Partner aufgewendet).
Für die Familienmitglieder depressiver Patienten ist es ebenfalls schwer, mit ansehen zu müssen, wie sehr ein geliebter Mensch leidet. Der Kranke selbst spürt dann, dass die Angehörigen seinetwegen traurig sind und es ihnen schlecht geht – ein weiterer Grund für Selbstvorwürfe.
Andere wiederum haben Schuldgefühle, weil wegen ihrer eingeschränkten Leistungsfähigkeit (und eventuell auch wegen eines Krankenstandes) Arbeitskollegen ihre Aufgaben erledigen müssen und sie „schuld" an der zusätzlichen Belastung der Kollegen sind. Es kommt zu einem Teufelskreis.

Die vielen Gesichter der Depression | **KAPITEL** 2

Schlafstörungen zählen zu den typischen Anzeichen der Krankheit

→ Schlafstörungen

Schlafprobleme sind häufig und können auch ohne Depressionen auftreten. Allerdings gehören sie im Falle einer Depression zu den typischen Anzeichen der Krankheit. Die Art der Schlafstörungen kann unterschiedlich sein. Oft können die Betroffenen abends nicht einschlafen und liegen lange wach. Andere wachen in der Nacht immer wieder auf und es dauert längere Zeit, bis sie wieder einschlafen. Häufig kommt es auch zum vorzeitigen Erwachen morgens. Von all diesen Formen von Schlafstörungen gibt es Kombinationen und Mischformen. Alle haben aber zur Folge, dass sich der Kranke dann tagsüber müde und erschöpft fühlt.
Vielen Patienten, die stundenlang wach im Bett liegen, gehen quälende und pessimistische Gedanken durch den Kopf, was sich zusätzlich belastend auswirkt.

Viele Betroffene werden in einer depressiven Episode ruhiger und schweigsamer und ziehen sich von der Umwelt zurück

→ Appetitmangel bzw. Gewichtsverlust

Appetitlosigkeit kann ebenfalls mit Depressionen einhergehen. Viele Kranke haben keine Lust auf Essen und es schmeckt ihnen nichts. In der Folge essen sie weniger und nehmen ab. Manchmal ist die Gewichtsabnahme geringfügig, bei anderen beträgt sie einige Kilos. Mit dem Abklingen der Depression kommt es dann auch wieder zu einer Normalisierung des Körpergewichts. Da manche Medikamente als Nebenwirkung eine Gewichtszunahme zur Folge haben, ist es wichtig, zu unterscheiden, ob diese auf die Medikamente im Rahmen der Behandlung zurückzuführen oder Teil des Gesundungsprozesses ist. Gewichtsveränderungen sollte man jedenfalls immer mit dem Arzt besprechen.

Vereinzelt gibt es auch Menschen, die bei einer Depression gesteigerten Appetit verspüren und an Gewicht zunehmen. Dieser manchmal als „Frustessen" bezeichnete vermehrte Appetit ist jedoch eher selten. Eine solche Appetitsteigerung und Gewichtszunahme sollte unbedingt mit dem Arzt besprochen werden, da es notwendig sein kann, dies bei der Auswahl der Medikamente zu berücksichtigen.

→ Gefühl von Hoffnungslosigkeit und Verzweiflung

„Das bringt ja doch nichts!" – Diese Aussage hört man von depressiven Menschen sehr oft. Hoffnungslosigkeit und eine pessimistische Sicht der Dinge betreffen aber nicht nur die nahe und weitere Zukunft, sondern erstrecken sich häufig auch auf die eigene Erkrankung. Die Chance, wieder gesund zu werden, wird als aussichtslos betrachtet. Entsprechend gering ist auch die Motivation dieser Menschen, eine Therapie zu beginnen.

Man muss aber wissen, dass dies ein typisches Krankheitssymptom der Depression ist! Nicht glauben zu können, dass sich der Zustand jemals bessern wird, ist nicht Realität, sondern Merkmal der Krankheit. Da es sich bei Depressionen in Wahrheit aber um eine meist gut zu behandelnde Erkrankung handelt, ist es wichtig, sich trotzdem (!!!) in Therapie zu begeben – selbst wenn man den Eindruck hat, dass es ohnehin nichts bringen wird.

→ Häufiges Weinen

Häufiges Weinen in einer depressiven Phase ist Ausdruck dafür, dass es einem schlecht geht. Allerdings gehört Weinen nicht notwendigerweise zu den typischen Symptomen einer Depression. Aus der Tatsache, ob jemand weint oder nicht, kann nicht geschlossen werden, wie schwer eine Depression ist.

→ Schweigsamkeit und gesellschaftlicher Rückzug

Manche Menschen werden in einer depressiven Episode nach außen hin zunehmend ruhiger und schweigsamer. Oft beteiligen sie sich nicht an Gesprächen, weil sie den Eindruck haben, nichts Sinnvolles zu einer Unterhaltung beitragen zu können oder sich ungeschickt auszudrücken.

Vielfach führt die Depression auch dazu, dass Betroffene sich in Gegenwart anderer Menschen unwohl fühlen. Sie ziehen sich dann zurück und werden immer einsamer und isolierter.

→ **Beschäftigung mit dem Tod**

Wenn eine Depression länger andauert oder mit sehr stark ausgeprägten Symptomen einhergeht, taucht bei vielen Kranken immer wieder der Gedanke auf, wie es wäre, nicht mehr zu leben. Man erinnert sich vermehrt an verstorbene Menschen. Bei besonders starkem Leidensdruck entsteht dann auch der Wunsch, dieses Leid zu beenden, selbst wenn das hieße, nicht mehr zu leben. Die Folge können dann manchmal konkrete Überlegungen und Planungen in diese Richtung sein. Bei besonders schwerer und quälender Symptomatik wird mitunter sogar der Versuch unternommen, das eigene Leben zu beenden (= Suizidversuch).

Trugwahrnehmungen machen Betroffenen meist Angst

Bei schwerer Depression kann es auch zu Störungen der Sinneseindrücke kommen

→ Halluzinationen und Wahnideen

Sowohl Halluzinationen als auch Wahnideen kommen nur selten und nur bei sehr stark ausgeprägten Depressionen vor oder auch dann, wenn die Depression von einer anderen psychischen Erkrankung begleitet wird.

Unter einer Halluzination versteht man eine Trugwahrnehmung, die durch Störungen der Sinneseindrücke zustande kommt. Betroffene hören Geräusche oder Stimmen, die kein anderer vernimmt. Obwohl diese nicht real sind, wirken sie auf den Patienten sehr beunruhigend. Es kann auch passieren, dass der Kranke Menschen oder Gegenstände sieht, die nicht vorhanden sind. Solche Trugwahrnehmungen können auch beim Riechen und Schmecken und allen anderen Sinneseindrücken vorkommen. Sie sind für den Kranken oft unheimlich, vor allem wenn sie zum ersten Mal auftreten und man nicht weiß, dass es sich um eine Halluzination handelt.

Wahnideen sind Ideen und Gedanken, von denen man völlig überzeugt ist, obwohl sie üblicherweise nicht den eigenen Überzeugungen entsprechen. Bei den Mitmenschen stoßen solche Ideen ebenso wie Halluzinationen meist auf Unverständnis. Manchmal glauben Patienten zum Beispiel, dass sie verfolgt oder bestohlen werden oder dass sie an einer unheilbaren körperlichen Erkrankung leiden. Richten sich Wahnideen gegen andere Menschen, fällt es dem Depressionskranken in der Folge oft schwer, Personen, denen er normalerweise vertraut, noch zu glauben.

Ein Anzeichen der Krankheit: morgendliches Stimmungstief, das sich im Laufe des Tages bessert

→ Tagesschwankungen

Oft kommt es zu einem Morgentief (= morgendliches Pessimum), es geht dem Kranken also nach dem Aufwachen in der Früh am schlechtesten und im Laufe des Tages werden die Symptome etwas leichter. Diese geringe Besserung tagsüber ist jedoch noch kein Zeichen für einen Heilungsprozess, sondern am nächsten Morgen sind die Symptome wieder genauso schwer wie am Morgen des Vortages. Solche Tagesschwankungen haben zwar nicht alle Menschen, die unter Depressionen leiden, aber sie werden recht häufig beobachtet.

Bei manchen schwer kranken Depressionspatienten verläuft der Heilungsprozess aber auf eine Weise, die mit den beschriebenen Tagesschwankungen verwechselt werden kann. Vor allem bei jenen, deren Symptome bisher den ganzen Tag über durchgehend gleich schwer waren, nehmen die Beschwerden im Laufe des Heilungsprozesses abends ab. Diese anfangs kurze Periode wird allmählich länger. Von Tag zu Tag kommt es in den Abendstunden zu einer immer länger anhaltenden Besserung. Neu auftretende Tagesschwankungen können in diesen Fällen daher ein Zeichen für den Beginn des Heilungsprozesses sein.

Erste Warnzeichen

Depressionen beginnen häufig innerhalb eines Zeitraums von einer oder zwei Wochen, können sich manchmal aber auch über mehrere Monate langsam schleichend entwickeln. Die Patienten verstehen oft nicht, was mit ihnen los ist. Viele merken nur, dass sie das Leben weniger genießen als sonst, manche fühlen sich sehr rasch erschöpft. Nicht selten befürchten Betroffene auch, dass sie an einer körperlichen Erkrankung leiden, die an ihrer Energielosigkeit schuld ist. Andere vermuten, dass die Anforderungen im Beruf oder im Alltag stark gestiegen sein müssen, und glauben, „urlaubsreif" zu sein.

Einige wenige Fragen können manchmal helfen, herauszufinden, ob tatsächlich eine Depression hinter den Symptomen steckt:
→ *Haben Sie sich in letzter Zeit niedergeschlagen gefühlt?*
→ *Sind Sie mit den Anforderungen im Alltag nicht zurechtgekommen?*
→ *Konnten Sie das Leben weniger als sonst genießen?*
→ *Konnten Sie sich weniger über Dinge freuen, über die Sie sich normalerweise freuen würden?*
→ *Haben Sie sich in letzter Zeit immer wieder energielos gefühlt?*
→ *Sind Sie häufiger unruhig und nervös als sonst?*
→ *Haben Sie weniger geschlafen?*
→ *Hat sich Ihr Appetit verändert?*

Je mehr Fragen Sie mit „ja" beantworten, umso größer ist die Wahrscheinlichkeit, dass den Beschwerden eine Depression zugrunde liegt. Die Fragen (und Antworten) weisen zwar auf wichtige Symptome einer Depression hin. Es darf aber nicht vergessen werden, dass sich damit keine klare Diagnose stellen lässt. **Dies ist die Aufgabe des Allgemeinmediziners oder eines Facharztes.**

Natürlich besteht die Möglichkeit, dass hinter den Zeichen einer (beginnenden) Depression eine körperliche Krankheit steckt. Selbstverständlich kann es auch sein, dass man zuletzt zu viel gearbeitet hat und Urlaub braucht. Die beschriebenen Symptome können aber auch auf eine ernsthafte Depression hindeuten! Letztlich braucht es eine ärztliche Untersuchung, um zu klären, ob jemand von einer Depression betroffen ist oder ob eine körperliche Krankheit die Ursache für die Beschwerden ist.

Alarmsignale für Familie und Freunde

Familienmitgliedern oder guten Freunden fallen manchmal Veränderungen an Menschen auf, bei denen sich eine Depression entwickelt. Zu solchen Veränderungen, die andere beobachten können, gehören zum Beispiel:
- → weniger Lust auf Aktivitäten, die der Betroffene früher gern gemacht hat
- → niedergeschlagene Miene
- → raschere Erschöpfung
- → Leistungsabfall im Beruf
- → Schlafstörungen, v.a. vorzeitiges morgendliches Erwachen
- → Appetitveränderungen
- → Gewichtsverlust
- → mitunter Vernachlässigung von alltäglichen Verpflichtungen

Auch hier muss den Angehörigen bewusst sein, dass es sich dabei nur um vorsichtige Hinweise auf eine Depression handelt. Diese Auffälligkeiten sind nicht unbedingt bereits Vorzeichen einer Depression; sie können durchaus auch auf andere Krankheiten zurückzuführen oder vorübergehende Reaktionen auf belastende Ereignisse sein.

Wenn jemand schon früher einmal eine Depression hatte, kann er sich manchmal daran erinnern, wie diese depressive Phase begonnen hat. In ähnlicher Weise werden sich auch Familienmitglieder erinnern, was ihnen damals am Beginn der depressiven Episode aufgefallen ist. Dieses Wissen ist sehr hilfreich und kann vom Betroffenen und seinen Angehörigen verwendet werden, um möglichst frühzeitig eine neue Depressionsphase zu erkennen.

Besteht beim Patienten selbst der Verdacht, dass er (wieder) eine Depression entwickelt, ist es am besten, möglichst rasch den behandelnden Arzt (Hausarzt oder Psychiater) aufzusuchen und die vermutete Diagnose abklären zu lassen. Es ist auch sinnvoll, Familienmitglieder und enge Freunde zu fragen, ob ihnen am eigenen Verhalten etwas auffällt. Es ist durchaus möglich, dass Außenstehende Veränderungen beobachten, die man selbst nicht bemerkt. Als Angehöriger kann man den Betroffenen über solche Beobachtungen informieren und ihm die Sorge mitteilen, dass sich vielleicht eine Krankheit entwickelt. Es wäre wichtig, den Kranken zwecks Abklärung zu einem Arztbesuch zu motivieren.

Niedergeschlagen bedeutet nicht depressiv

Manche Leser werden vielleicht einige der beschriebenen Symptome kennen, wie zum Beispiel hin und wieder in Stresssituationen schlecht zu schlafen oder nach einem Konflikt niedergeschlagen und traurig zu sein. Dann wird vermutlich die Frage auftauchen, ob nicht viele Depressionssymptome alltäglich sind und es einen fließenden Übergang zwischen „normaler" Niedergeschlagenheit und einer Krankheit gibt.

Wie erkenne ich, ob es sich um eine „echte" Depression handelt?

Für die Diagnose einer „echten" Depression definiert die Medizin, dass Symptome zumindest über eine gewisse Zeit durchgehend über den Großteil des Tages vorhanden und so stark ausgeprägt sind, dass sie sich im Alltag als belastend erweisen.

Die Weltgesundheitsorganisation (WHO) beschreibt in der internationalen Klassifikation der Krankheiten (= ICD-10) folgende Charakteristika für die Depression:

3 Kernsymptome:

1. *gedrückte oder traurige Stimmung die meiste Zeit des Tages*
2. *Interessenverlust oder Freudlosigkeit an Aktivitäten, die üblicherweise angenehm sind*
3. *verminderter Antrieb oder gesteigerte Ermüdbarkeit*

7 Zusatzsymptome:

1. *vermindertes Selbstvertrauen bzw. Selbstwertgefühl*
2. *Selbstvorwürfe oder Schuldgefühle*
3. *vermindertes Denk- bzw. Konzentrationsvermögen*
4. *psychomotorische Hemmung oder Unruhe*
5. *Schlafstörungen*
6. *verminderter Appetit bzw. Gewichtsverlust*
7. *wiederkehrende Gedanken an Tod, Suizidgedanken oder Suizidhandlungen*

Nach der Definition der WHO müssen für eine Depression im Sinne einer Krankheit **mindestens 2 der 3 Kernsymptome** und **mindestens 2 der 7 Zusatzsymptome** über einen Zeitraum von **mindestens zwei Wochen durchgehend** vorhanden sein.

Es zeigt sich also, dass eine Depression nicht nur durch ein oder zwei Symptome von kurzer Dauer geprägt ist, sondern dass mehrere Symptome zur selben Zeit vorhanden sein müssen, um die Kriterien der Krankheit „Depression" zu erfüllen. Aus dieser Beschreibung der einzelnen möglichen Anzeichen geht aber auch klar hervor, dass nicht jede Depression ganz gleich aussieht. Neben den Kernsymptomen, die praktisch immer und bei jedem Menschen während einer Depression vorhanden sind, treten nicht alle Zusatzsymptome bei allen Kranken auf: So haben manche einen verringerten Appetit und andere nicht, einige leiden an ausgeprägten Einschlafproblemen am Abend und andere wachen morgens zeitiger auf, manche machen sich selbst schwere Vorwürfe und andere nicht. Daher treten auch im Alltag, abhängig von den Zusatzsymptomen, immer wieder unterschiedliche Probleme auf.

Für eine Depression müssen mehrere Symptome gleichzeitig vorhanden sein

Gibt es körperliche Anzeichen für eine Depression?

Da eine Depression auch den körperlichen Zustand beeinflussen kann, treten im Rahmen der Krankheit neben den beschriebenen psychischen Symptomen zusätzlich oft körperliche Beschwerden auf. Dazu zählen:

- → allgemeine körperliche Abgeschlagenheit
- → Appetitstörungen, Gewichtsverlust
- → Druckgefühl im Magen, Verdauungsprobleme wie Verstopfung (= Obstipation) oder Durchfall (= Diarrhö)
- → Unregelmäßigkeiten bei der Monatsblutung bis zum Aussetzen der Menstruation für einige Monate
- → Kopfschmerzen, Rückenschmerzen oder andere Schmerzen
- → Muskelverspannungen
- → Druckgefühl in Hals und Brust, Beengtheit im Hals
- → Herzrasen bis hin zu Herzrhythmusstörungen, Atemnot
- → Schwindelgefühl
- → Flimmern vor den Augen, Sehstörungen
- → Schlafstörungen

Die vielen Gesichter der Depression | **KAPITEL** 2

Besteht Verdacht auf eine Depression, sollte man zur Abklärung rasch einen Arzt aufsuchen

In jedem Fall ist es wichtig, bei den genannten Beschwerden einen Arzt aufzusuchen. Denn Atemnot, Herzrasen oder andere körperliche Symptome können zwar im Zusammenhang mit einer Depression auftauchen, aber auch Hinweis auf körperliche Krankheiten sein, die eine genaue ärztliche Untersuchung erfordern.

Die nicht erkannte Depression

Depressionen sind eine ernste Erkrankung, die mit einer erhöhten Sterblichkeitsrate einhergeht. So wirkt sich das gleichzeitige Vorliegen einer Depression bei einer Reihe körperlicher Krankheiten negativ auf deren Verlauf aus, trägt zur Chronifizierung dieser Leiden bei und erhöht die Gefahr, an der organischen Erkrankung zu versterben. Einen entscheidenden Einfluss in dieser

Hinsicht haben Depressionen z.B. im Zusammenhang mit koronarer Herzkrankheit und Herzinfarkt, Diabetes mellitus oder Rückenschmerzen.

Bleiben Depressionen lange Zeit unbehandelt, so steigt außerdem das Risiko, dass sich eine chronische Depression entwickelt. Das heißt, je später eine Behandlung beginnt, umso länger dauert die Erkrankung.

Welche Folgen kann eine verzögerte Behandlung haben?

Gesundheitliche Folgen:
→ *langsamere Genesung*
→ *erhöhtes Risiko für Komplikationen im Rahmen der Depression*
→ *langsamere Heilung von körperlichen Krankheiten*
→ *vermehrter Konsum von Alkohol oder anderen Drogen, um das Leiden zu dämpfen (und in der Folge Risiko für Substanzmissbrauch)*
→ *unnötige Krankenhausaufenthalte*

Soziale Folgen:
→ *Störung der Beziehungen zu anderen Menschen*
→ *Verlust der Unterstützung durch den Freundeskreis*
→ *Belastung der Familie des Patienten*
→ *vorübergehende Abnahme der Fähigkeit, den elterlichen Pflichten nachzukommen (bei Patienten mit Kindern)*
→ *Verlust des Arbeitsplatzes und Arbeitslosigkeit*
→ *bei Jugendlichen Probleme in der Ausbildung (Schule, Studium, Lehre)*

Betroffene sollten daher dem Arzt sagen, wenn es ihnen nicht gut geht

Helfen Sie dem Arzt bei der Diagnose!

Für den Arzt kann es schwierig sein, eine Depression (frühzeitig) zu erkennen, da nur manche Symptome offensichtlich sind. Betroffene sollten daher dem Arzt sagen, wenn es ihnen nicht gut geht. Eine Schwellung am Knöchel nach einem Sturz erkennt jeder. Eine starke Antriebsverminderung im Rahmen einer schweren Depression kann man einem Patienten ebenfalls ansehen. Wenn es aber um Schlafprobleme oder die verminderte Freude an Dingen des Alltags geht, ist der Arzt auf die Information des Kranken angewiesen.

Oft berichten die Patienten in der Ordination eher über die körperlichen Symptome einer Depression, wie Appetitverminderung oder eine daraus resultierende Gewichtsabnahme. Denn viele scheuen sich, von ihrer Trauer, ihrer Niedergeschlagenheit und ihrer Lustlosigkeit zu erzählen. In diesem Fall kann es für den Arzt schwierig sein, eine Depression (frühzeitig) zu erkennen. Kranke, denen es nichts ausmacht, auch über solche Symptome zu reden, erleichtern dem Arzt die Diagnose erheblich.

Helfen Sie daher Ihrem Arzt, indem Sie über alle Symptome wahrheitsgemäß berichten. Nur so kann Ihre Depression frühzeitig erkannt und entsprechend behandelt werden.

Die Suizidgefahr

Depressionen machen die Erkrankten traurig, niedergeschlagen und verzweifelt. Die Betroffenen können viele Dinge nur negativ sehen und sind bezüglich der Zukunft sehr pessimistisch. Wenn die Krankheit zu sehr starkem Leid führt, entsteht oft der Wunsch, dieses Leid zu beenden. In der Folge taucht auch der Gedanke auf, dass es vielleicht besser wäre, nicht mehr zu leben. Jedes Jahr setzen mehr als 1.000 Menschen in Österreich ihrem Leben ein Ende. Dies wird in der Fachsprache als „Suizid" bezeichnet. Erfahrungen zeigen, dass dem oft eine längere Entwicklung vorausgeht. Während dieser Zeit erwägen Menschen den Suizid vorerst nur als eine Möglichkeit und sind in ihren Gefühlen einer hohen Unsicherheit ausgesetzt. Daher kommt den Reaktionen der Umwelt zu diesem Zeitpunkt eine besondere Bedeutung zu.

Liegen einem Suizid immer Depressionen zugrunde? Nein. Depressionen gehören zwar zu den wichtigen Gründen für einen Suizid, doch gibt es auch zahlreiche andere Ursachen. So können neben weiteren psychischen Krankheiten (z.B. Psychosen, Angststörungen, Alkoholabhängigkeit) belastende Lebenssituationen auch ohne Vorhandensein einer Depression dazu führen, dass jemand sein Leben beenden möchte. Derartige belastende Lebenssituationen werden als psychische oder psychosoziale Krisen bezeichnet.

Was ist eine psychische Krise?

Eine Krise ist kein krankhafter Zustand. Eine Krise kann vielmehr jeden Menschen in jedem Lebensalter und in jeder Lebensphase treffen. Im Fall einer Krise sind die Kern- und Zusatzsymptome (siehe *Seite 51*) einer Depression nicht vorhanden.

*Auch in psychischen Krisen taucht manchmal
der Gedanke an einen Suizid auf*

Als Krisen werden Ereignisse und Erlebnisse bezeichnet, die von den Betroffenen in ihrer konkreten Situation subjektiv (!) nicht sinnvoll verarbeitet werden können. Ausschlaggebend dabei ist, ob der Anlass oder die Situation eine hohe persönliche Bedeutung für die betroffene Person hat. Es ist unwesentlich, wie wichtig der Anlass objektiv betrachtet ist. Jeder Mensch hat andere Werte und Ziele, weshalb viele Ereignisse und Erlebnisse individuell sehr unterschiedlich bewertet werden.

Solche Krisen können unter anderem hervorgerufen werden durch:
→ Tod eines nahen Menschen
→ (drohende) Trennung vom Partner
→ schwere Konflikte mit dem Partner oder anderen nahestehenden Menschen
→ unerwartete Arbeitslosigkeit
→ Gewalterfahrungen
→ traumatische Erlebnisse
→ gravierende Lebensveränderungen

Anlass für Krisen können auch körperliche Erkrankungen sein, die mit starken Schmerzen oder befürchteten Einschränkungen im Alltag einhergehen. Darüber hinaus lösen oft Krankheiten, die letztlich zum Tod führen oder Betroffene von anderen Menschen abhängig machen (z.B. dauernde Pflegebedürftigkeit), Krisen aus.

Wie werden Krisen bewältigt?

In einer Krise wird ein Mensch mit Situationen oder Erlebnissen konfrontiert, die viele der zentralen Werte und Ziele infrage stellen. Es gelingt ihm dann oft nicht, die Situation mit jenen Strategien, die er normalerweise zur Bewältigung von Problemen einsetzt, in den Griff zu bekommen. Dieses Versagen der üblichen Methoden und Strategien verursacht ein Gefühl der Überforderung, Unsicherheit und Verzweiflung.

Üblicherweise investieren die Betroffenen all ihre Energie in die Bewältigung der Probleme, sodass letztendlich oft die Kraft fehlt, die gewöhnlichen Anforderungen des Alltags zu bewältigen. Dieses „Versagen" kann das Selbstwertgefühl gravierend beeinträchtigen. Wenn eine Unterstützung durch nahestehende Menschen erfolgt, kann es gelingen, einen Ausweg aus dieser Situation zu finden. Ansonsten besteht die Gefahr, dass Suizidgedanken auftreten. Ein anderer „Ausweg" ist für manche der langfristige Konsum von Alkohol oder Drogen, der schlussendlich in Missbrauch und Abhängigkeit münden kann.

Es muss aber berücksichtigt werden, dass Krisen nicht nur negative Aspekte haben. Wie bereits angedeutet, können Krisen auch dazu führen, innezuhalten und sich mit wichtigen Fragen des Lebens zu beschäftigen und so dem eigenen Leben eine neue Richtung, eine neue Wendung zu geben.

Viele Krisen werden mithilfe eines verständnisvollen und unterstützenden Netzes nahestehender Menschen gelöst. Falls das Umfeld jedoch negativ oder verständnislos reagiert und keine Hilfe vermittelt, kann sich die Krisensituation verstärken. Werden Betroffene in dieser Situation von ihren Mitmenschen unter Druck gesetzt, kann dies die Belastung und die subjektive Aussichtslosigkeit erhöhen.

Wie erkennt man eine Suizidgefährdung?

Die Suizidgefährdung ist nicht immer eindeutig und klar für andere zu erkennen, die folgenden Zeichen können aber als Warnsignale dienen:

→ Bemerkungen wie „Ich kann nicht mehr", „Mir scheint alles so sinnlos" oder „Ich will nicht mehr" können Hinweise darauf sein, dass jemand mit dem Gedanken spielt, sein Leben bewusst zu beenden.
→ Auch Zeichnungen oder schriftliche Notizen können darauf hindeuten.
→ Allgemeine Gespräche über den Tod sind bei depressiven Personen ebenfalls ein Alarmsignal.
→ Sehr starke Niedergeschlagenheit, Hoffnungslosigkeit und Verzweiflung sind bei vielen am Gesichtsausdruck zu erkennen.
→ Geliebte Dinge werden verschenkt, weil man diese „bald ohnehin nicht mehr braucht".
→ Vorsicht ist auch angebracht, wenn jemand Handlungen erwähnt, die der Vorbereitung eines Suizids dienen, wie zum Beispiel das Sammeln von Tabletten.

→ Ein weiteres Warnsignal ist der allmähliche Rückzug aus Beziehungen und von anderen Menschen. Resigniert das Umfeld, so vergrößert das die Isolationsgefahr noch weiter.
→ Andere Menschen und Ereignisse werden hauptsächlich negativ wahrgenommen, Betroffene interessieren sich für nichts mehr.
→ Die persönlichen Handlungsmöglichkeiten werden von Personen mit Suizidgedanken zunehmend als eingeschränkt erlebt. Sie können oft nicht erkennen, dass es verschiedene Möglichkeiten gibt, auf eine bestimmte Situation zu reagieren, sondern sehen meist nur einen einzigen Weg.
→ Zentrale Werte im Leben, wie religiöse oder moralische Überzeugungen, aber auch nahestehende Menschen halten viele davon ab, das eigene Leben zu beenden. Verlieren diese zentralen Werte aber an Bedeutung, geht dadurch oft ein letzter Schutzmechanismus verloren.
→ Manchmal haben Mitmenschen den Eindruck, dass sie die Betroffenen im Gespräch emotional nicht mehr erreichen können.
→ Auch sind mitunter starke Stimmungsschwankungen oder fehlender Kontakt zur Realität zu beobachten.

Das Auftreten einzelner der beschriebenen Verhaltensweisen ist noch kein Hinweis auf das Risiko eines Suizids. Wenn aber mehrere dieser Verhaltensweisen zugleich oder innerhalb kurzer Zeit beobachtet werden und eine ausgeprägte Depression oder Belastung vorliegt, ist es nötig, eine Klärung des Zustandes und der Risiken zu versuchen.

> *Vorsicht! Bei Menschen, die unter Depressionen leiden und in letzter Zeit immer wieder Suizidideen angedeutet haben, gibt es eine Situation, die oft falsch verstanden wird: Wenn ein solcher Mensch plötzlich ruhig und entspannt wirkt und Suizidgedanken nicht mehr erwähnt, obwohl sich an der konkreten Situation nichts geändert hat, kann das ein Hinweis darauf sein, dass er sich für einen Suizid entschieden hat!*

Für die meisten Betroffenen ist die Entscheidung zwischen „Ich will nicht mehr leben" und „Ich will weiterleben" ein quälender innerer Kampf, den man ihnen ansehen kann. Ist die Entscheidung für den Suizid gefallen, so wirken manche dann ruhig und gelöst, was man als Außenstehender fälschlicherweise als Besserung des Zustandes einschätzen mag.

Jede Krise ist eine Chance

Betroffene und ihnen nahestehende Menschen sollten eines wissen: Jede Krise ist auch eine Chance! Das ist kein Schlagwort, sondern jährlich erleben das Tausende Menschen in Österreich. Glücklicherweise ist die Zahl jener, die eine Krise positiv bewältigen, um ein Vielfaches größer als die Zahl jener, die ihrem Leben selbst ein Ende setzen. Mitmenschen können durch richtiges Verhalten (siehe *Seite 62*) und Ansprechen des Problems wesentlich zur Bewältigung solch einer Krise beitragen.

Was tun bei Suizidgefahr?

Suizidale Äußerungen oder Handlungen sind immer auch ein Hilferuf! Die Betroffenen drücken neben aller Verzweiflung auf diese Weise auch aus, dass sie Hilfe brauchen.

Es muss jedem, der mit einem Menschen in einer schweren Depression oder psychischen Krise zu tun hat, geraten werden, aufmerksam zu sein, um Warnsignale nicht zu übersehen. Besteht bei jemandem der Verdacht auf eine beginnende oder bereits vorhandene Suizidalität, sollten etwaige Suizidgedanken und Suizidpläne offen angesprochen werden. Auch wenn uns das oft schwerfällt, ist das konkrete Ansprechen des Problems eine wichtige Chance. Man kann dem Suizidgefährdeten gegenüber durchaus der Sorge um ihn Ausdruck verleihen. Ein solches Gespräch steht am Beginn einer möglichen Krisenbewältigung. Die Bereitschaft, sich darauf einzulassen, zeigt dem Betroffenen, dass er in seiner Situation nicht alleingelassen wird, sondern dass jemand bereit ist, den schweren Weg mit ihm zu gehen. Dieses Gefühl gibt häufig Kraft und Ermutigung und manche öffnen sich bereits im ersten Gespräch mit einem nahestehenden Menschen, es entstehen neue Perspektiven und möglicherweise hilfreiche Auswege.

Sehr oft ist es aber unumgänglich, professionelle Hilfe in Anspruch zu nehmen. Wenn man dies für notwendig hält, sollte man das dem Betroffenen auch klar sagen. Erste professionelle Ansprechstellen können Ärzte oder andere Fachleute sein, die er bereits kennt und zu denen er Vertrauen hat. Sind bekannte und vertraute Fachleute nicht verfügbar, ist es wichtig, sich an Einrichtungen zu wenden, die akute Hilfe in Krisen anbieten. Das können so genannte Einrichtungen zur Krisenintervention sein, aber auch psychiatrische oder psychologische Ambulanzen oder Beratungsstellen, wie z.B. *www.kriseninterventionszentrum.at/links.htm*.

Keinesfalls sollte man einen Suizidgefährdeten in einer solchen Situation alleine lassen. In den meisten Fällen wird es nötig sein, ihm nicht nur eine Adresse mitzuteilen, sondern ihn beim Vereinbaren eines Termins zu unterstützen und ihn persönlich zu einem Experten zu begleiten. Ob im Weiteren eine Begleitung erforderlich ist, werden die Fachleute beurteilen. Eventuell kann es auch sinnvoll sein, andere nahestehende Menschen aus Familie oder Freundeskreis mit einzubeziehen – dies sollte aber immer vorher mit dem Patienten abgesprochen werden.

Es darf nicht vergessen werden, dass die Hilfe und Unterstützung Betroffener durch Menschen, die ihnen nahestehen, eine äußerst wichtige Grundlage für die Bewältigung der Krise darstellen. Jeder, der einmal einen Angehörigen oder Freund erfolgreich durch eine schwere Krise begleitet hat, wird dies auch selbst für immer positiv in Erinnerung behalten.

So verlaufen Depressionen

Depressionen verlaufen üblicherweise episodenhaft. Das heißt, dass Krankheitsphasen zeitlich begrenzt sind und bei einem Teil der Erkrankten nach längerer Zeit auch ohne Behandlung wieder abklingen. Unter der heutigen modernen Behandlung mit Antidepressiva bzw. Psychotherapie hält eine depressive Episode üblicherweise rund drei bis vier Monate an. Bevor diese Behandlungsmöglichkeiten zur Verfügung standen, dauerten depressive Episoden etwa doppelt so lang.

Auch wenn Depressionen üblicherweise in Form von Episoden verlaufen, gibt es große Unterschiede. Bei mehr als der Hälfte jener Menschen, die einmal eine depressive Phase erlitten haben, kommt es zu weiteren Krankheitsepisoden. Man spricht dann von einer wiederkehrenden (rezidivierenden) Depression.

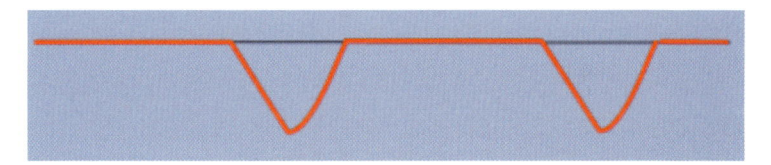

So verläuft eine immer wiederkehrende Depression

Die Wahrscheinlichkeit einer neuerlichen Erkrankung erhöht sich nach zweimaliger depressiver Episode auf 70% und liegt nach der dritten Episode bei 90%. Es muss berücksichtigt werden, dass natürlich auch die Art der Behandlung Einfluss auf das Risiko für das Wiederauftreten einer Depression hat.

Nach einer depressiven Episode ist eine vollständige und dauerhafte Wiederherstellung der psychischen Gesundheit (= Genesung oder Remission) möglich. Der Patient ist dann für immer völlig symptomfrei.

Die vielen Gesichter der Depression | **KAPITEL** 2

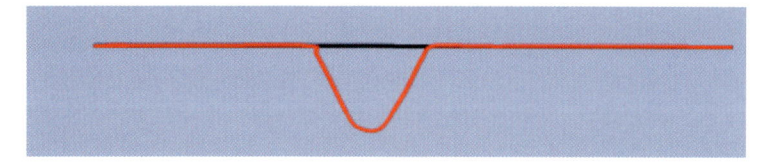

Verlauf einer depressiven Episode mit vollständiger Genesung

In manchen Fällen ist die Genesung aber unvollständig: Es geht dem Patienten dann zwar deutlich besser als während der depressiven Episode, trotzdem sind noch einige leichte Symptome vorhanden.

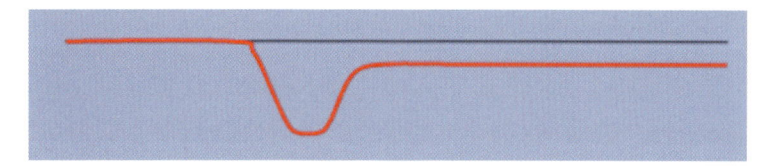

Verlauf einer depressiven Episode mit unvollständiger Genesung

In seltenen Fällen verläuft eine Depression chronisch, das heißt, dass die Symptome über lange Zeit vorhanden sind. Eine spezielle Form einer chronisch verlaufenden Depression ist die so genannte **Dysthymie**, bei der weniger und schwächer ausgeprägte Krankheitssymptome über mehr als zwei Jahre durchgehend vorhanden sind.

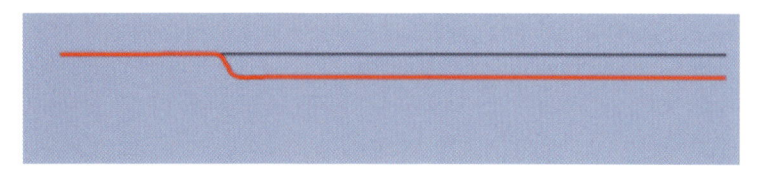

So verläuft eine Dysthymie, eine spezielle Form der chronischen Depression

Oft bleiben Patienten jahrelang ohne Beschwerden

Wann droht ein Rückfall?

Etwa ein Drittel jener Kranken, die eine depressive Episode durchgemacht haben, hat nach sechs Monaten noch leichte Symptome, während zwei Drittel nach einem halben Jahr völlig gesundet sind.

Bei etwa jedem 7. Patienten kommt es trotz ausreichender Behandlung auch nach zwei Jahren zu keinem völligen Verschwinden der Symptome, sondern es bestehen nach wie vor restliche Beschwerden. Weiterhin vorhandene Symptome nach einer depressiven Episode sprechen für eine unvollständige Gesundung (Remission) und stellen einen Risikofaktor für eine neuerliche Erkrankung dar. Zusammenfassend lässt sich sagen, dass das Risiko eines Rückfalls abnimmt, je länger ein Patient keinen Rückfall erlitten hat.

Man darf aber nicht vergessen, dass die Verläufe sehr unterschiedlich sein können. Bei manchen Kranken sind die depressiven Episoden durch jahrelange gesunde Intervalle unterbrochen, andere erleben depressive Episoden in viel kürzeren Abständen. Mit zunehmendem Alter steigt das Rückfallrisiko, allerdings ist die Symptomatik bei älteren Menschen manchmal weniger schwer ausgeprägt als bei jüngeren.

Wenn die depressiven Episoden immer zu einer bestimmten Jahreszeit (z.B. Herbst oder Winter) auftreten, wird diese Verlaufsform als **saisonale Depression** bezeichnet.

Was beeinflusst den Verlauf einer depressiven Erkrankung?

Es gibt verschiedene Faktoren, sowohl in Bezug auf die Krankheit als auch in Bezug auf den Patienten selbst, welche die Wahrscheinlichkeit eines Rückfalls beeinflussen.

Folgende Aspekte der Erkrankung erhöhen die Rückfallgefahr:
→ je mehr Krankheitsphasen jemand bereits hatte
→ je länger eine Krankheitsepisode bereits dauert
→ je kürzer die gesunde Phase zwischen zwei Krankheitsepisoden ist
→ wenn zusätzlich zur Depression weitere psychische Krankheiten vorliegen (z.B. Substanzabhängigkeit wie Alkohol oder Drogen, Persönlichkeitsstörung, Angststörung)
→ wenn zusätzlich chronische körperliche Krankheiten vorliegen (z.B. Diabetes)

Folgende Aspekte des Patienten erhöhen die Rückfallgefahr:
→ je jünger jemand bei Beginn der ersten Krankheitsepisode war
→ Frauen haben häufiger Rückfälle
→ wenig Unterstützung aus der Familie oder dem Freundeskreis
→ verzögerter Beginn der Behandlung

Ihre Fragen – unsere Antworten

→ *Bestehen bei einer Depression außer der traurigen Stimmung noch andere Symptome?*
Die wichtigsten zusätzlichen Anzeichen, die allerdings nicht bei jedem Menschen und immer auftreten, sind: Interessenverlust, Antriebslosigkeit, vermindertes Denk- und Konzentrationsvermögen, verlangsamtes Verhalten oder Unruhe, geringes Selbstvertrauen, Schuldgefühle, Schlafstörungen, Appetitlosigkeit, Hoffnungslosigkeit, Weinen, Schweigsamkeit, gesellschaftlicher Rückzug, Halluzinationen und Wahnideen, Tagesschwankungen, Suizidgedanken.

→ *Äußern sich Depressionen auch in körperlichen Beschwerden?*
Ja, durchaus. Müdigkeit, Verdauungsprobleme, Zyklusstörungen, Schmerzen, Muskelverspannungen und Herzrasen sind einige der Beschwerden, die manchmal mit einer Depression einhergehen. Diese Störungen können aber auch Anzeichen für eine körperliche Erkrankung sein. Daher ist eine ärztliche Abklärung sehr wichtig.

→ *Wie verläuft die Krankheit üblicherweise?*
Zumeist in Episoden, die zeitlich begrenzt sind. Unter der heutigen modernen Behandlung mit Antidepressiva und Psychotherapie dauert eine Episode etwa drei bis vier Monate. Allerdings gibt es große individuelle Unterschiede.

→ Welche Warnzeichen weisen auf eine Depression hin und sollten von Familie und Freunden beachtet werden?
Der Kranke hat keine Lust auf Aktivitäten, die ihm früher Freude bereitet haben, er ist rascher ermüdbar, weniger leistungsfähig, leidet eventuell unter Gewichtsverlust und vernachlässigt seine alltäglichen Verpflichtungen. Es müssen nicht alle Hinweise gegeben sein, diese Auffälligkeiten können auch Reaktionen auf belastende Ereignisse sein. Trotzdem ist eine Abklärung sinnvoll, um eine mögliche Depression frühzeitig zu erkennen und behandeln zu können.

→ Was ist für den depressiven Patienten bei einem Arztbesuch wichtig?
Er sollte unbedingt über alle Symptome wahrheitsgemäß berichten und nicht nur über die körperlichen Beschwerden, wie dies oft der Fall ist. Nur so kann er dem Arzt bei der Diagnose und damit sich selbst helfen.

→ Stimmt es, dass Menschen, die von Suizid reden, diesen nie in die Tat umsetzen?
Keineswegs. Das ist im Gegenteil ein sehr wichtiges Warnsignal! Man sollte in diesem Fall unbedingt offen mit dem Betroffenen darüber sprechen. Dann fühlt sich der Suizidgefährdete nicht alleingelassen; das kann ihm Kraft und Mut geben und er sieht eventuell neue Perspektiven. Man sollte ihn auch zu einem Arzt bzw. einer anderen Ansprechstelle begleiten.

Ursachen

KAPITEL 3

Wie eine Depression entsteht

Betroffene erzählen:
Ich bin okay, wie ich bin

Es war ein irrsinnig heißer Sommer. Kein Wunder, dass ich nicht schlafen konnte und unkonzentriert war. Obwohl ich mich mit bleierner Müdigkeit durch den Tag schleppte, war abends an Einschlafen nicht zu denken. Die Gedanken ließen sich nicht stoppen: Frust im Beruf, die Schwierigkeiten meiner 15-jährigen Tochter in der Schule, ihr „Abnabeln" – und dann noch meine Eltern! Kein Tag verging ohne ein Telefonat mit meiner Mutter, bei dem sie alle ihre Sorgen auf mich ablud. Ich wollte nicht ihre seelische Mülldeponie sein, konnte mich aber nicht dagegen wehren. Schließlich hatte ich Schuldgefühle, weil ich vor Jahren mit meinem Mann nach Wien gezogen war und meine Eltern in der Steiermark zurückgelassen hatte.

Zur Übermüdung und den Schlafstörungen kamen immer mehr andere Symptome hinzu: Druck im Kopf, Konzentrationsprobleme, Schwindel, Angstzustände. Manchmal war mein Körper so schwach, dass es mir unmöglich war, mit meinem Mann unseren täglichen Spaziergang zu unternehmen.

Eine Blutuntersuchung ergab schließlich eine Schild-

drüsenerkrankung mit Unterfunktion. Na also, das war die Ursache! So dachten mein Mann und ich jedenfalls. Doch die Schilddrüsenbehandlung brachte in Bezug auf diese Symptome keinerlei Besserung.

Instinktiv wusste ich, dass mit mir auch psychisch etwas nicht in Ordnung war. Ich brauchte offenbar ganz dringend einen Psychiater.

Es war allerdings nicht leicht, auf Anhieb jemanden zu finden, der sofort einen Termin frei hatte. Darüber hinaus bestand ja die Vermutung, meine Symptome resultierten aus der Schilddrüsenerkrankung, sodass nicht klar war, an wen ich mich letztlich wenden sollte. Schließlich suchte ich im Internet einmal nach einem Psychotherapeuten. Tatsächlich fand ich eine Psychotherapeutin in meiner Nähe, die einen freien Termin hatte.

Und damit änderte sich alles.

Schon in der ersten Sitzung führte sie mich mit ihren gezielten Fragen in die richtige Richtung: die jahrelangen Schuldgefühle meinen Eltern gegenüber, die Angst, von meiner Tochter nicht mehr gebraucht zu werden, meine Unfähigkeit, Nein zu sagen und mich abzugren-

zen ... Die Psychotherapeutin verwies mich überdies an einen Psychiater, der sofort die Diagnose „Depression" stellte.

Gemeinsam halfen mir die beiden, aus diesem schrecklichen Tief herauszukommen. Ich bekam Medikamente gegen die Depressionen, die Psychotherapeutin arbeitete mit mir in Gesprächen meine anderen Probleme auf.

Heute geht es mir gut und ich bin dankbar! Dankbar dem Arzt und der Psychotherapeutin, aber auch dankbar für das Erlebte. Denn ohne meinen Zusammenbruch hätte ich nie die Kraft gehabt, mich von meinen jahrzehntelangen Problemen zu befreien.

Das Verhältnis zu meinen Eltern ist heute ein anderes. Wir telefonieren nur noch einmal wöchentlich und ich sage liebevoll, aber bestimmt „Stopp", wenn man Probleme auf mich abladen will.

Ich habe auch gelernt, meine Tochter loszulassen, denn ich weiß mich selbst zu schätzen – unabhängig davon, ob ich gebraucht werde.

Ich bin okay, wie ich bin!

Monika, 47, Krankenschwester

Viele Faktoren wirken zusammen

Wie bei vielen seelischen und körperlichen Erkrankungen ist es auch im Fall der Depression nicht möglich, eine einzelne Ursache zu identifizieren. Die Hintergründe sind komplex und noch nicht vollständig geklärt. Eine Depression entsteht in der Regel aus dem Zusammenwirken von biologischen, lebensgeschichtlichen und sozialen Faktoren. Darüber hinaus können aktuelle Ereignisse und kognitive Verarbeitungsmuster zur Entstehung der Krankheit beitragen.

Welche Rolle die einzelnen Faktoren jeweils spielen, ist individuell verschieden. Somit ist im Einzelfall manchmal nicht eindeutig feststellbar, was gerade bei diesem Menschen zum Ausbruch der Depression geführt hat. Jedenfalls besitzen die Betroffenen gegenüber seelischen, körperlichen und lebensgeschichtlichen Belastungen eine geringere Widerstandskraft als gesunde Menschen. Diese besondere Verletzlichkeit wird als „Vulnerabilität" bezeichnet und spielt bei der Entstehung und beim Verlauf einer Depression eine wichtige Rolle.

Häufig sind daneben allerdings noch zusätzliche Faktoren oder Auslöser, wie belastende Lebensereignisse oder Überforderungssituationen, nötig, damit es zum Auftreten der Krankheit kommt. Solche Lebensereignisse oder Überforderungen können natürlich jeden treffen; Menschen mit einer erhöhten Vulnerabilität haben aber ein größeres Risiko, eine Depression zu entwickeln.

Bei der Entstehung der Krankheit wirken immer mehrere Faktoren zusammen

Botenstoffe außer Balance

Die Stimmungslage hängt unter anderem auch mit den Botenstoffen im Gehirn zusammen.

Wenn wir ein Geräusch hören, eine Farbe sehen, fühlen oder denken, so geschieht das aktiv mithilfe unserer Nervenzellen (Neuronen), die entsprechende Signale an bestimmte Gehirnregionen senden. Diese Signale werden auf elektrischem Weg entlang der Nervenfasern bis zu den Kontaktstellen mit anderen Nervenzellen transportiert. Chemische „Transportmittel" an diesen Kontaktstellen sind so genannte Botenstoffe, auch Überträgersubstanzen oder Neurotransmitter genannt. Dabei handelt es sich um chemische Substanzen, die in einen Spalt zwischen den Nervenenden und der nachgeschalteten Nervenzelle mit ihren Kontaktstellen frei gesetzt werden. Sie dienen als eine Art „Überbrückungshilfe", welche die Information an die Kontaktstelle der nächsten Nervenzelle weiterleitet.

Menschen, die unter einer Depression leiden, weisen Veränderungen dieser Überträgersubstanzen im Gehirn auf, vor allem bei den Botenstoffen Serotonin und Noradrenalin. Serotonin gilt als zentraler „Stimmungsmacher", Noradrenalin ist ein Botenstoff, der die Stressanpassung steuert. Oft ist die Konzentration dieser Neurotransmitter verändert (zu niedrig) oder es fehlt die biochemische Balance der Überträgersubstanzen untereinander. Diese Veränderungen können Auswirkungen auf Gefühle und Gedanken haben und Niedergeschlagenheit und Pessimismus begünstigen.

Hippocampus

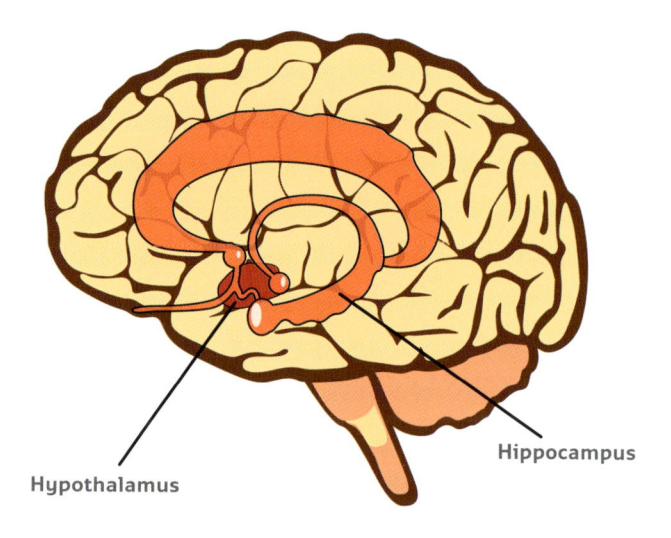

Hypothalamus

Das limbische System im Gehirn (auf unserer Zeichnung ist es rot eingefärbt) hängt eng mit unserem Gefühlsleben zusammen

Der Wirkmechanismus antidepressiver Medikamente beruht auf der Tatsache, dass sie die Konzentration der genannten Überträgersubstanzen an den Nervenzellen im Gehirn erhöhen. Auf diese Weise können sie die Symptome einer Depression lindern oder ganz zum Abklingen bringen. Die Wirksamkeit dieser Medikamente zeigt, dass die Neurotransmitter bei Depressionen eine wesentliche Rolle spielen. Allerdings ist noch unklar, ob die Veränderung dieser Transmitter eine Ursache oder die Begleiterscheinung der depressiven Erkrankung ist.

Welche Gehirnregion ist betroffen?

Neue Methoden der Bildgebung haben gezeigt, dass es während einer depressiven Episode vor allem im limbischen System des Gehirns zu veränderten Aktivitäten kommt. Diese Gehirnregion ist für das Empfinden und Verarbeiten von Gefühlen mitverantwortlich. Aber auch hier ist nicht ganz klar, ob die Veränderung eine Ursache oder eine Folge der Depression ist.

Detailinformation für Interessierte
Die Rolle der Vererbung

Seit Langem ist bekannt, dass Depressionen in manchen Familien häufiger vorkommen als in anderen. Diese Tatsache allein ist jedoch noch kein Nachweis für die Rolle der Vererbung, denn es könnte sein, dass Erziehung, ähnliche Erlebnisse oder derselbe Freundeskreis das Verhalten und damit die Entstehung von Depressionen beeinflussen.

Bei eineiigen Zwillingen, die genau dieselbe genetische Ausstattung haben, zeigt sich, dass ein Zwilling zwar ein viel höheres Depressionsrisiko hat, wenn auch der andere Zwilling unter einer Depression leidet. Allerdings erkrankt der Zwillingspartner des depressiven Patienten in weniger als der Hälfte der Fälle selbst.

Die genetische Komponente ist daher offenbar nur ein Teilfaktor. Beim Entstehen einer Depression spielen also auch immer Erfahrungen und Umwelteinflüsse mit.

Oft wird die Frage gestellt, ob es ein Depressions-Gen gibt. Nach heutigem Wissensstand führt jedoch nicht ein einzelnes Gen zum Auftreten einer Depression. Vielmehr dürfte eine ganze Reihe verschiedener Gene beteiligt sein. Unter anderem wird heute angenommen, dass ein Gen, welches das Serotonin (siehe „Botenstoffe") beeinflusst, eine wichtige Rolle spielt. Dieses Gen (5-HTTLPR) kommt in der Bevölkerung in unterschiedlichen Formen oder Ausprägungen (= Allel) vor (siehe *Seite 252*). Träger des so genannten „kurzen" Allels sollen empfindsamer auf psychosoziale Stressbelastungen reagieren und damit ein etwa doppelt so großes Depressionsrisiko haben als jene mit einem „langen" Allel. Außerdem dürften bei Vorhandensein eines „kurzen" Allels in Stresssituationen die daraus resultierenden negativen Gefühle nicht ausreichend gedämpft werden, was letztlich zu einer depressiven Verstimmung führt.

Während man früher dachte, Genetik steuere das ganze Leben, wird der Einfluss der Gene heute differenzierter gesehen. Wir wissen mittlerweile, dass Umwelteinflüsse in einem frühen Lebensabschnitt das Verhalten eines Individuums über dessen weitere Lebensspanne entsprechend verändern. Dieses modifizierte Verhalten kann sogar an die nächste Generation weitergegeben werden. Dies ist aber nicht auf Mutationen der Erbsubstanz zurückzuführen, sondern darauf, dass die Aktivität der betroffenen Gene verändert wird, was sich wiederum auf zahlreiche Körperfunktionen und auch das Gehirn auswirkt. So wissen wir, dass z.B. Stress die Aktivität einzelner Gene beeinflusst.

Genetische Mechanismen sind also keine Einbahnstraße, sondern reagieren auf Umwelt und Erlebnisse. Der Begriff „Epigenetik" beschreibt diese Mechanismen, durch die nicht das Gen selbst verändert wird, sondern seine Funktion von äußeren Umständen beeinflusst und weitervererbt werden kann.

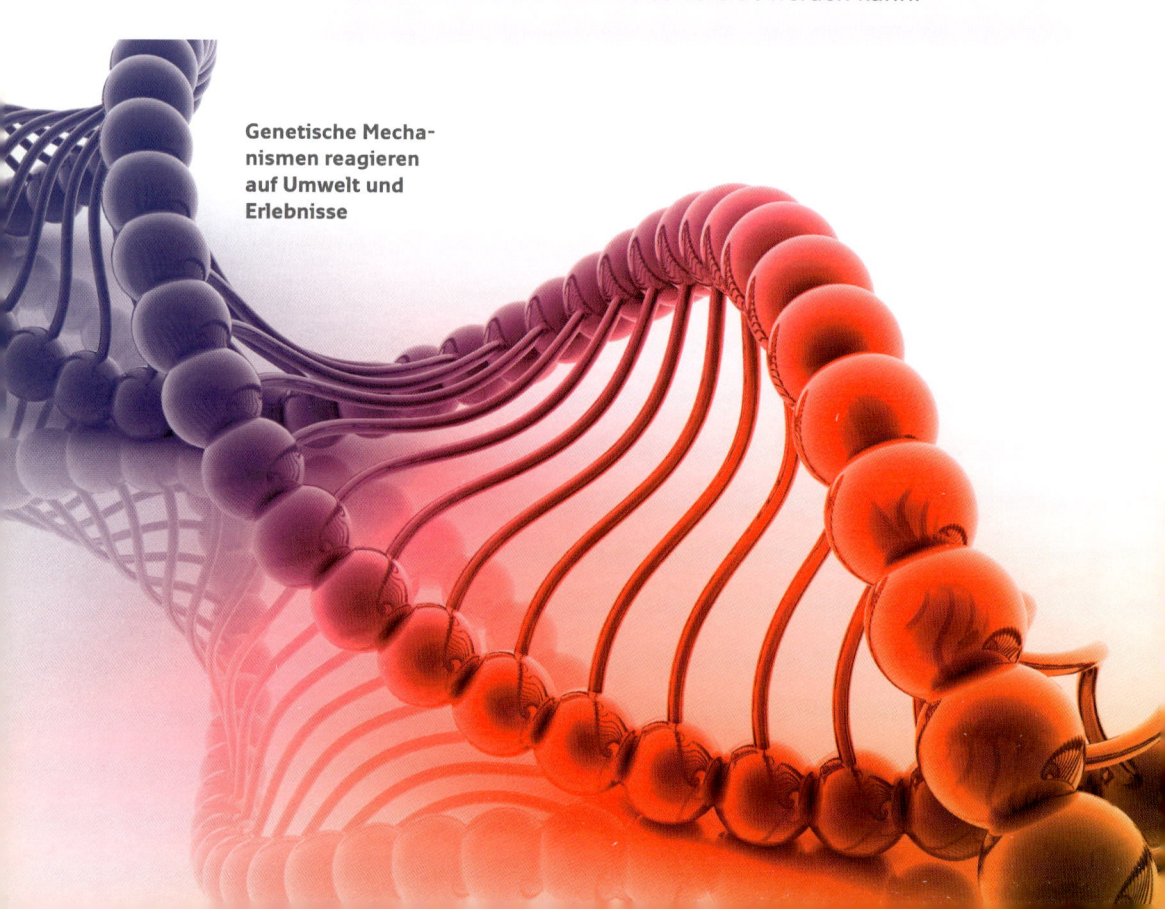

Genetische Mechanismen reagieren auf Umwelt und Erlebnisse

Depression – eine Fehlanpassung an Stress

Lange anhaltender Stress führt zu einer übermäßigen Ausschüttung von Kortikoiden (= Hormone aus der Nebennierenrinde, deren Basis das Kortison ist) ins Blut. Ein erhöhter Kortikoidspiegel kann sich aber auf empfindliche Regionen des Gehirns, wie z.B. den Hippocampus, negativ auswirken.
Bei depressiven Patienten ist durch die Veränderungen im Serotonin- und Noradrenalinsystem gleichzeitig auch die Bewältigung von Stressreaktionen herabgesetzt. Stress kann nicht entsprechend verarbeitet werden, was schließlich zur Entwicklung einer depressiven Stimmungslage führt.

Negative Erfahrungen verzerren die Realität

Menschen, die in ihrem Leben wiederholt schlechte Erfahrungen gemacht haben, neigen dazu, Dinge negativ zu bewerten. Als eine mögliche Ursache für negative Erfahrungen vor allem in frühen Lebensjahren wird vermutet, dass die Eltern mit der Erziehungsarbeit überfordert waren. Dies führt zu einer Überforderung der Kinder, was wiederum ein Scheitern und andere schlechte Erfahrungen begünstigt.
Betroffene beurteilen sich selbst häufig als fehlerhaft, unzulänglich, wertlos und für andere als nicht attraktiv. Zudem neigen sie dazu, ihre Fähigkeiten zu unterschätzen und alles zu kritisieren. Oft denken diese Menschen auch, ihnen würden jene Eigenschaften fehlen, die nötig sind, um glücklich zu sein.

Menschen ohne soziales Netz sind häufiger von Depressionen betroffen

Subjektiv werden überwiegend Enttäuschungen und Niederlagen empfunden. Es überrascht nicht, dass die Zukunftserwartungen negativ gefärbt sind. Von vielen an einer Depression Erkrankten wird eine Veränderung der gegenwärtig als negativ empfundenen Situation daher als unwahrscheinlich angenommen, vor allem auch, weil sie glauben, selbst überhaupt nichts zu einer Besserung beisteuern zu können.
Diese Verzerrungen der Realität tragen zum Andauern einer bestehenden Depression bei. Unklar ist jedoch, ob solche kognitiven Fehlinterpretationen die Ursache für eine Depression darstellen oder ob durch die Depression kognitive Fehlinterpretationen erst entstehen.

Psychosoziale Faktoren

Ausgelöst wird eine depressive Phase oft durch schwierige Lebensumstände (Arbeitslosigkeit, körperliche Erkrankung, chronische Spannungen in der Partnerschaft, Verlust des Partners, Armut etc.). Dabei darf nicht vergessen werden, dass bei Personen, die schon einmal eine Depression hatten, bereits zuvor Veränderungen der Neurotransmitter (Botenstoffe) stattgefunden haben. Wenn dann soziale Belastungen hinzukommen, kann dies eine neuerliche depressive Episode zur Folge haben.

Menschen ohne soziale Unterstützung bzw. mit einem kleinen und wenig unterstützenden sozialen Netzwerk werden besonders häufig depressiv. Andererseits haben Menschen mit einer in der Vergangenheit durchlebten Depression Schwierigkeiten, ihre sozialen Kontakte und ihr soziales Netzwerk aufrechtzuerhalten. Während einer Depression neigt man dazu, sich zurückzuziehen, wodurch Beziehungen zu anderen verloren gehen können. Betroffene sind in dieser Phase auch langsamer als sonst und haben weniger Ressourcen, um Probleme mit anderen kompetent zu lösen.

Wirken derartige soziale Faktoren mit genetischen Faktoren zusammen, können sie eine Depression zur Folge haben.

Es handelt sich also um typische, wie bereits beschriebene Gen-Umwelt-Interaktionen, die letztendlich zur Krankheit führen.

Depressionen können die persönliche Sichtweise und Interpretation von Alltagsproblemen beeinflussen, was mitunter zu falschen Schlussfolgerungen führt. Betroffene selbst verwechseln dadurch häufig Ursache und Wirkung. Beispielsweise nennt der Kranke als Ursache seiner Erkrankung zum Teil schon sehr lange bestehende Konflikte. Seien diese behoben, würde er leicht wieder gesund. Tatsächlich kann erst nach Abklingen der depressiven Episode die real vorhandene Belastung meist problemlos bewältigt bzw. als gegeben akzeptiert werden.

Freunde sind ein wichtiger Faktor für die seelische Gesundheit

Wenn Medikamente zu Depressionen führen

Depressive Symptome können auch durch die Einnahme von Medikamenten verursacht werden. Zu vielen in der Medizin eingesetzten Wirkstoffen liegen Berichte über entsprechende Nebenwirkungen vor.
Im Folgenden findet sich beispielhaft eine Auswahl von Medikamenten, die hierfür in Frage kommen:

Treten nach der Einnahme eines Arzneimittels Symptome einer Depression auf, kann dies auch an dem Medikament liegen. Diese Nebenwirkung ist dann im Beipackzettel angeführt

→ Krampflösende Medikamente
→ Medikamente gegen Bluthochdruck
→ Medikamente gegen Parkinson
→ Medikamente gegen Demenz
→ Schlafmittel
→ Angstlösende Medikamente
→ Medikamente gegen Herzrhythmusstörungen
→ Kortison und ähnliche Medikamente
→ Magenschutzpräparate
→ Hormone zur Verhütung
→ Medikamente gegen Tuberkulose
→ Interferon, wie es z.B. bei Multipler Sklerose zur Anwendung kommt
→ Medikamente gegen Krebs
→ Antibiotika

Allerdings können auch körperliche und andere psychische Erkrankungen, die mit den genannten Medikamenten behandelt werden, Depressionssymptome auslösen – ohne Zusammenhang mit dem Medikament.

Die Unterscheidung zwischen einer Depression, die durch bestimmte Substanzen ausgelöst wird, und einer von Medikamenteneinnahme unabhängigen Depression kann schwierig sein. Grundlage der Unterscheidung ist eine durch einen Psychiater erhobene ausführliche Befragung über den zeitlichen Zusammenhang von Einnahme der Substanz und Auftreten der Symptomatik.

Wenn ein Patient eines der auf *Seite 84* angeführten Medikamente einnimmt, ist abzuklären, ob die Symptome der Depression nach Beginn der Einnahme dieses Medikaments aufgetreten sind. In diesem Fall müsste überlegt werden, die jeweiligen Medikamente abzusetzen und durch andere zu ersetzen. (Es ist wichtig, solche Änderungen der Medikation nie ohne einen Arzt durchzuführen!)

Körperliche Erkrankungen

Verschiedene körperliche Erkrankungen können ebenfalls depressive Symptome hervorrufen. Dies sind vor allem:

→ Tumoren jeder Art
  (sowohl gutartige Gewächse als auch Krebserkrankungen)
→ Infektionen des Gehirns
→ Herzerkrankungen
→ Durchblutungsstörungen
→ Vergiftungen mit Drogen, Medikamenten oder anderen Substanzen

- → chronische Schmerzen jeglicher Ursache
- → neurologische Erkrankungen wie Morbus Parkinson oder Huntington-Erkrankung
- → Schilddrüsenfehlfunktionen
- → Multiple Sklerose
- → Diabetes mellitus
- → schwere Lebererkrankungen
- → chronische Lungenerkrankungen
- → HIV

Diese Aufzählung umfasst nur einige wichtige Beispiele und ist nicht vollständig. Patienten, die unter einer dieser körperlichen Erkrankungen und gleichzeitig unter einer Depression leiden, benötigen häufig eine Behandlung sowohl der zugrunde liegenden Krankheit als auch der Depression.

Weitere biologische und soziale Ursachen

→ Lichtmangel

Auch der Mangel an Tageslicht kann Auslöser für eine Depression sein. Bei der so genannten saisonalen Depression (auch: Herbst-Winter-Depression) treten durch zu wenig Sonnenlicht regelmäßig über die Wintermonate depressive Symptome auf. Mit Beginn des Frühjahrs klingen diese Symptome wieder ab.

→ Schwangerschaft

Etwa 10% aller Frauen sind während der Schwangerschaft von Depressionen betroffen. Die Symptome können aber sehr unterschiedlich sein. Hauptsymptom ist eine herabgesetzte Stimmung, wobei dies nicht Trauer im engeren Sinn sein muss. Viele beschrei-

Wie eine Depression entsteht | **KAPITEL** 3

10% aller werdenden Mütter leiden während der Schwangerschaft unter Stimmungstiefs

ben sich als gleichgültig und empfinden eine innere Leere. Oft werden auch Hoffnungslosigkeit und Pessimismus wahrgenommen. Immer wieder kommt es bei den Betroffenen zu Ängsten in Bezug auf die Mutterrolle oder die Gesundheit des Kindes. Neben hormonellen Ursachen sind aber auch hohe Ansprüche an die Mutterrolle und die Unsicherheit vor der neuen Aufgabe für die Entstehung einer solchen Stimmungslage ausschlaggebend. Auch wenn diese Symptome oft sehr belastend sind, sind meist stützende Gespräche ausreichend (siehe dazu *Seite 140*).

→ Geburt

Dass sich Frauen in den ersten Tagen nach der Geburt plötzlich niedergeschlagen und weinerlich fühlen können, ist seit Langem bekannt. Der „Baby Blues" wird vor allem mit dem starken Hormonabfall nach der Schwangerschaft in Verbindung gebracht. Dazu kommen die Unsicherheit gegenüber den neuen Aufgaben, hoher Erwartungsdruck und das Gefühl fehlender Hilfe. Eine Rolle spielt in der ersten Zeit auch der Schlafmangel. In den meisten Fällen verschwinden diese Symptome nach einigen Tagen von selbst und die Stimmung hellt sich wieder auf. Nahestehende Menschen, die Verständnis und Unterstützung bieten, sind in dieser Situation hilfreich. Grundsätzlich wird dieser „Baby Blues" nicht als Krankheit betrachtet.

Vom „Baby Blues" abzugrenzen sind so genannte postpartale Depressionen der Mutter, die in den ersten zwei Jahren nach der Geburt auftreten. Häufig entwickeln sie sich schleichend. Kennzeichen sind Energiemangel, Traurigkeit, innere Leere, Schuldgefühle, widersprüchliche Gefühle dem Kind gegenüber, allgemeine Teilnahmslosigkeit, Hoffnungslosigkeit, Kopfschmerzen, Reizbarkeit und Schlafstörungen. Risikofaktoren für die Entstehung einer postpartalen Depression sind unter anderem eigene psychische Erkrankungen vor der Schwangerschaft sowie belastende Lebenssituationen wie Armut, soziale Isolation oder eine geringe Unterstützung in der Partnerschaft. Die postpartale Depression ist unbedingt behandlungsbedürftig! Eventuell kann sogar ein stationärer Aufenthalt notwendig sein.

In den letzten Jahren hat sich herausgestellt, dass auch Männer von einer postpartalen Depression betroffen sein können. Vater zu werden geht oft mit Überraschungen und Enttäuschungen einher. Gelingt es nicht, sich auf die neue Lebenssituation einzustellen, kann sich eine ausgeprägte Niedergeschlagenheit entwickeln. Weitere typische Symptome sind Reizbarkeit, Erschöpfung und Schlafstörungen. Manchmal klagen die Betroffenen auch darüber, dass sie keine tiefen Vatergefühle entwickeln können.

Sonderform: Bipolare Störung

Eine bipolare Störung ist eine eigenständige Erkrankung, die sowohl durch manische Phasen mit euphorischer Stimmung und Überaktivität als auch durch depressive Phasen gekennzeichnet ist. Es kann aber auch eine gemischt manisch-depressive Symptomatik vorherrschen.

Die manischen bzw. depressiven Episoden dauern üblicherweise einige Monate. Zwischen den Krankheitsphasen sind die Betroffenen meist wieder völlig gesund und leistungsfähig.

Wie erkennt man eine manische Episode?

Patienten haben mehr Energie und fühlen sich wohler als üblich, oft sind sie euphorisch, manchmal auch gereizt. Sie reden viel, schmieden Pläne, haben kaum das Bedürfnis nach Schlaf und können in Kontakten oft distanzlos und enthemmt werden.

Wie erkennt man eine depressive Phase?

Die Krankheitszeichen sind im Wesentlichen identisch mit denen der in diesem Buch beschriebenen Depression (unipolaren Depression).

Wie entsteht eine bipolare Störung?

Sowohl Vererbung als auch psychosoziale Faktoren spielen eine Rolle. Allerdings ist die genetische Komponente sehr stark ausgeprägt.

Wie wird eine bipolare Störung behandelt?

Die medikamentöse Behandlung unterscheidet sich wesentlich von der Therapie der unipolaren Depression. Es werden hauptsächlich zwei Medikamentengruppen eingesetzt: Stimmungsstabilisierer und Interventionsmedikamente.

→ ***Stimmungsstabilisierer:***
Diese Medikamentengruppe findet sowohl in der Akut- als auch in der langfristigen Erhaltungstherapie Anwendung. Als Wirkstoffe kommen vor allem Lithium sowie die Antiepileptika Valproinsäure, Lamotrigin und Carbamazepin infrage, als Zusatztherapie auch so genannte atypische Neuroleptika.

→ ***Interventionsmedikamente:***
Der Arzt wird dann Interventionsmedikamente verordnen, wenn die alleinige Gabe von Stimmungsstabilisierern nicht ausreicht. Zu diesen Medikamenten zählen Neuroleptika, Antidepressiva, aber auch Beruhigungs- und Schlafmittel.

Neben Medikamenten spielen auch Psychotherapieverfahren, wie ab *Seite 157* beschrieben, eine wichtige Rolle.

Ihre Fragen – unsere Antworten

→ *Steht eine Depression eher mit körperlichen Störungen oder mit äußeren Einflüssen in Zusammenhang?*
Sowohl als auch. Viele einzelne Faktoren können zum Entstehen einer Depression beitragen. Veränderungen bestimmter Botenstoffe im Gehirn können ebenso eine Rolle spielen wie negative äußere Einflüsse, aber auch Vererbung, Stress und körperliche Erkrankungen.

→ *Welche Botenstoffe im Gehirn sind bei Depressionen verändert?*
In erster Linie die beiden Substanzen Serotonin und Noradrenalin. Es kann einerseits ein Mangel an Serotonin bestehen, andererseits auch ein Ungleichgewicht zwischen den Botenstoffen. Allerdings ist nicht geklärt, ob diese Veränderungen eine Ursache oder Begleiterscheinung der depressiven Erkrankung sind.

→ *Gibt es ein Depressions-Gen?*
Nach heutigem Wissensstand gibt es kein einzelnes Gen, das zum Auftreten einer Depression führt. Es scheint eine ganze Reihe verschiedener Gene Einfluss zu haben.

→ *Besteht ein Zusammenhang zwischen Depression und Stress?*
Menschen mit Depressionen können aufgrund der Veränderungen im Serotonin- und Noradrenalinsystem Stressreaktionen nicht adäquat verarbeiten und sich der Belastung nicht entsprechend anpassen.

→ *Kann eine Depression auch durch Medikamente oder Krankheiten ausgelöst werden?*
Ja, zahlreiche Medikamente können als Nebenwirkung zu Depressionen führen. Vorsicht ist hier sogar bei pflanzlichen Präparaten geboten. In jedem Fall sollte man genau beobachten, ob zwischen der Medikamenteneinnahme und der depressiven Stimmung ein zeitlicher Zusammenhang besteht.
Auch viele körperliche Erkrankungen können depressive Symptome hervorrufen. Daher sollte immer auch der körperliche Zustand ärztlich abgeklärt werden.

→ *Ist der „Baby Blues" eine Krankheit?*
Als „Baby Blues" wird das Stimmungstief nach der Geburt bezeichnet, das durch den starken Hormonabfall entsteht. Dieses vergeht nach einigen Tagen von selbst und hat keinen Krankheitswert.
Davon abzugrenzen ist die so genannte postpartale Depression, die sich in den ersten zwei Jahren nach der Geburt schleichend entwickelt. Diese ist unbedingt behandlungsbedürftig.

Burn-out – eine Depression?

Der englische Begriff „Burn-out" bedeutet auf Deutsch „ausbrennen". Das Burn-out-Syndrom beschreibt einen andauernden Zustand der Erschöpfung, sowohl körperlich als auch psychisch.

Ist Burn-out eine Krankheit? Während heute manche das Burn-out mit einer Sonderform der Depression gleichsetzen, betonen andere, dass es sich um eine normale Reaktion auf lange dauernde Belastungen im Arbeitsleben handle.

Die Weltgesundheitsorganisation (WHO) definiert Burn-out als einen jener Risikofaktoren, welche die Wahrscheinlichkeit erhöhen, eine Krankheit zu entwickeln. Dies ist vergleichbar mit manchen Zuständen bei körperlichen Störungen, die selbst keine Krankheit sind, aber das Risiko für eine Erkrankung erhöhen. So sind beispielsweise Bewegungsmangel und Übergewicht noch keine Krankheit, stellen aber ein Risiko für hohen Blutdruck oder Herzinfarkt dar.

Kennzeichen eines Burn-outs

Als zentrale Kennzeichen eines fortgeschrittenen Burn-outs werden von den meisten Fachleuten die folgenden Symptome beschrieben:

- → **Emotionale Erschöpfung,** die aus einer lange dauernden und überdurchschnittlichen emotionalen und/oder körperlichen Anstrengung resultiert. Die Betroffenen fühlen sich kraftlos, erschöpft, energielos und müde. Andere Menschen beobachten oft auch erhöhte Reizbarkeit und die Unfähigkeit, sich in der Freizeit zu entspannen. An körperlichen Beschwerden treten oft Magen-Darm-Symptome, Kopf- und Rückenschmerzen sowie verstärkte Infektanfälligkeit auf.
- → **Distanzierung und Gefühlsverlust:** Aus einem anfangs idealisierten Verhältnis zur Arbeit, die meist mit positiven Erwartungen begonnen wurde, entwickelt sich zunehmend Enttäuschung mit anschließender Distanzierung von der Arbeit, den Klienten bzw. Geschäftspartnern. Die Betroffenen lassen die Sorgen und Probleme anderer nicht mehr an sich herankommen. Sie konzentrieren sich vielmehr auf den rein fachlichen Aspekt der Beziehung. Dem folgen häufig Schuldzuweisungen für die als verändert erlebte Arbeit, Verbitterung gegenüber den Arbeitsbedingungen sowie zynische Abwertung der eigenen Leistung. Häufig wird auch Gefühlsverlust beobachtet.
- → **Subjektiver Eindruck einer verringerten Arbeitsleistung:** „Ausgebrannte" haben häufig das Gefühl, dass sie trotz Überlastung nicht viel leisten. Die Betroffenen glauben außerdem, ihre Kompetenz und Kreativität seien vermindert, sie nehmen sich selbst als ineffizient wahr und haben das Gefühl, sich ändernden Anforderungen nicht gerecht werden zu können.

„Ich schaffe meine Arbeit nicht mehr!" – ein typisches Kennzeichen des Burn-outs

Woher kommt ein Burn-out?

Die genauen Ursachen und Mechanismen in der Entstehung des Burn-outs sind bisher nicht vollständig geklärt. Einigkeit besteht aber darüber, dass andauernder Stress von entscheidender Bedeutung ist. Es scheint, dass wir Stress über eine begrenzte Zeitdauer weitgehend problemlos verarbeiten können. Wenn aber die Belastungen über Monate oder Jahre anhalten, zeigen sich Folgen für den Körper und die Psyche. Haben Körper und Seele keine oder zu wenig Möglichkeit, sich ausreichend zu erholen, dürften „die Reserven sind aufgebraucht" werden.

Verlauf eines Burn-outs

Hinsichtlich der Entwicklung eines Burn-outs gibt es zahlreiche Modelle, die unterschiedliche Phasen beschreiben, wobei sich bislang keines gegenüber den anderen durchsetzen konnte. Allen Modellen gemeinsam ist, dass sich ein Burn-out nicht von einem Tag auf den anderen, sondern schleichend über einen längeren Zeitraum hinweg entwickelt.

Im Folgenden werden kurz die einzelnen Phasen beschrieben, die von zahlreichen Autoren übereinstimmend während der Entwicklung eines Burn-outs beobachtet wurden. Die Dauer dieser Phasen kann allerdings individuell sehr verschieden sein. Manche Menschen dürften zudem einzelne Phasen überspringen und manchmal ist auch die Reihenfolge des Auftretens anders als bei anderen.

Phase 1: Engagement und Enthusiasmus

Diese Phase ist gekennzeichnet von Begeisterung, Tatendrang und ausgeprägtem Engagement. Manchmal werden sehr hohe, fast unrealistische Erfolgserwartungen beobachtet. Der Beruf und dessen Aufgaben und Herausforderungen werden oft glorifiziert. In dieser Zeit wenden die meisten bereits sehr viel Zeit für ihre Arbeit auf, selbst wenn dadurch Familie, Freunde und Freizeit zu kurz kommen. In dieser Phase fühlen sich die meisten sehr wohl und sind optimistisch.

Phase 2: Zunehmende Vernachlässigung eigener Bedürfnisse

Da trotz hohem Aufwand die Arbeit nicht weniger wird und nicht alle Ziele zu erreichen sind, erhöhen viele Menschen ihr Engagement noch mehr. Eigene Bedürfnisse und Sorgen werden oft hintangestellt oder als nicht wesentlich erlebt. In der Zeitplanung ist häufig nur noch Platz für Berufliches, während soziale Kontakte vernachlässigt werden. Vielen fällt es auch schwer, Aufgaben an andere abzugeben. Mahnungen von nahestehenden Menschen werden überhört oder als übertrieben abgetan.

Phase 3: Erstes Erleben der eigenen Grenzen

Immer öfter erleben die Betroffenen, dass sie nicht mehr alle Herausforderungen bewältigen können. Die Begeisterung nimmt bereits etwas ab und kleinere Unannehmlichkeiten, wie lange Arbeitszeiten und zu wenig Zeit für andere Menschen, werden vom Betroffenen wahrgenommen. Trotzdem denkt man nicht an Veränderungen, sondern versucht, durch verstärkten Einsatz bzw. neue Arbeitsstrategien alle Aufgaben zu bewältigen.

Phase 4: Enttäuschung und Frustration

Die Grenzen der eigenen Möglichkeiten werden zunehmend klar gesehen. Ein Gefühl der Machtlosigkeit und Einflusslosigkeit tritt mehr und mehr in den Vordergrund. Die Kontakte zu anderen Menschen reduzieren sich auf ein Minimum. Viele Betroffene ziehen sich zurück, igeln sich ein und empfinden sich zusehends als orientierungslos. Auch die Hoffnung auf Veränderung in einem überschaubaren Zeitraum schwindet. Oft wird dann nur noch „Dienst nach Vorschrift" gemacht oder es wird versucht, den Leidensdruck durch Alkohol zu lindern.

Phase 5: Innere Leere und Apathie

Nachdem sich die sozialen Kontakte massiv reduziert haben, entwickeln sich Entfremdung und Zynismus im Kontakt mit Arbeitskollegen. Auch gegenüber Kunden und Geschäftspartnern entsteht zunehmend Gleichgültigkeit. Die einst hohen Arbeitsziele haben kaum noch Bedeutung.

Phase 6: Entwicklung von seelischen oder körperlichen Krankheiten

In dieser Phase sind häufig Übergänge zu psychischen und/oder körperlichen Krankheiten zu beobachten. Bei vielen Betroffenen finden sich Schlafstörungen, Erschöpfung und Lustlosigkeit – Zustände, die fließend in eine Depression übergehen können. Auch körperliche Beschwerden treten häufig auf. Der andauernde Stress kann negative Auswirkungen auf das Immunsystem und viele Körperfunktionen haben. So sind u.a. die folgenden körperlichen Symptome zu beobachten:

→ Kopfschmerzen
→ Sodbrennen und Magenschmerzen
→ Muskel- bzw. Gliederschmerzen
→ Verdauungsprobleme
→ Schwindel
→ unregelmäßiger Herzschlag oder Herzrasen
→ fallweise erhöhter Blutdruck
→ verminderte Lust auf Sex

Wenn derartige Symptome nicht ernst genommen werden, können sie sich zu schwer wiegenden körperlichen Krankheiten entwickeln. Beispielsweise kann ein anfänglich nur fallweise erhöhter Blutdruck zu einem chronischen Bluthochdruck mit weiteren Folgen wie Herzinfarkt oder Schlaganfall führen. Magenbeschwerden können in manchen Fällen zu einer Gastritis oder einem Magengeschwür führen.

Wer ist von Burn-out besonders häufig betroffen?

Menschen, die in sozialen und pädagogischen Berufen tätig sind, werden als sehr gefährdet beschrieben. Gemeint sind damit Lehrer, Erzieher, Ärzte und professionelle Pflegekräfte. Man vermutet, dass die besondere Motivation und das Engagement, die in diesen Berufsgruppen oft zu finden sind, die Gefahr für eine chronische Arbeitsüberforderung vergrößern. Auch Menschen in leitenden Positionen haben ein erhöhtes Risiko für Burn-out. Hoher beruflicher Druck und Stress über längere Zeit können zu einer chronischen Arbeitsüberforderung führen. Grundsätzlich kann Burn-out aber in allen Berufen vorkommen.
In den letzten Jahren hat sich gezeigt, dass Menschen, die schwer kranke Familienmitglieder über lange Zeit pflegen, ebenfalls stark gefährdet sind.

Burn-out – eine Sonderform der Depression? | **KAPITEL** 3

Mitunter kann es auch zu Alkoholabhängigkeit kommen

„Ausgebrannt" oder krank?

Wichtig ist, immer abklären zu lassen, ob die beschriebenen Beschwerden vielleicht Vorzeichen einer Krankheit sind, die gar nichts mit Burn-out zu tun hat. Die folgenden Krankheiten können zu Symptomen führen, die fälschlicherweise für Zeichen eines Burn-outs gehalten werden können – dazu gehören zum Beispiel: Zuckerkrankheit (Diabetes mellitus), Bluthochdruck, Schilddrüsenerkrankungen, Krebserkrankungen, chronische Infektionen und Multiple Sklerose. Solche Erkrankungen gehen vielfach mit dem Gefühl von Erschöpfung, verminderter Leistungsfähigkeit und Überforderung am Arbeitsplatz einher. In diesem Fall sind die Symptome jedoch Zeichen der Krankheit und haben nichts mit Burn-out zu tun.
Aus diesem Grund ist bei Verdacht auf Burn-out eine genaue medizinische Diagnostik unabdingbar, um nicht etwaige gefährliche Krankheiten zu übersehen.

Ihre Fragen – unsere Antworten

→ *Ist Burn-out eine Art der Depression?*
Darüber herrscht unter den Experten keine einheitliche Meinung. Manche sehen Burn-out als eine Sonderform der Depression an und damit als Krankheit. Andere wiederum sind der Ansicht, es handle sich dabei um eine normale Reaktion auf lang anhaltende Überlastung.
Die Weltgesundheitsorganisation (WHO) definiert Burn-out als einen Risikofaktor, der die Wahrscheinlichkeit erhöht, die Krankheit zu entwickeln.

→ *Entsteht ein Burn-out plötzlich?*
Nein, es entwickelt sich schleichend, die Entstehung verläuft in mehreren Phasen: von besonderem Engagement für die Arbeit über zunehmende Vernachlässigung eigener Bedürfnisse bis hin zu Frustration, Apathie und der Entwicklung seelischer oder körperlicher Krankheiten. Das Burn-out kann in der Folge fließend in eine Depression übergehen.

→ *Was sind die Warnsignale eines beginnenden Burn-outs?*
Emotionale Erschöpfung, eingeschränkte Leistungsfähigkeit, zunehmende Distanz gegenüber Kollegen und Arbeit. Oft kommt es auch zu Schlafstörungen.

Begleit-
erkrankungen

KAPITEL 4

Eine Depression kommt selten allein

Kaum eine Erkrankung steht in so engem Zusammenhang mit anderen psychischen oder körperlichen Störungen wie die Depression. Sie kann Teil eines Leidens sein, die Folge davon oder als Auslöser das Entstehen einer anderen Krankheit begünstigen. So weist beispielsweise etwa die Hälfte der an einer Depression Erkrankten eine weitere psychiatrische Krankheit auf; in erster Linie handelt es sich dabei um Angsterkrankungen, Suchterkrankungen, Persönlichkeitsstörungen oder Zwangsstörungen.

Oft leiden depressive Menschen unter körperlichen Beschwerden, denen keine organische Krankheit zugrunde liegt.

Aber auch körperliche Krankheiten gehen häufig mit einer Depression einher. Vor allem Diabetes, Schlaganfall, Herzerkrankungen und Morbus Parkinson spielen hier eine Rolle.

Depression bei Erkrankungen der inneren Medizin

Beispiel Diabetes mellitus:

Die Depression kann als Begleiterscheinung des Diabetes auftreten, umgekehrt entsteht Diabetes manchmal als Folge einer Depression. Menschen mit Diabetes haben im Vergleich zur Allgemeinbevölkerung ein etwa doppelt so hohes Risiko, an einer Depression zu erkranken – unabhängig davon, ob jemand an Typ-I- oder Typ-II-Diabetes leidet.
Das Fatale daran: Die Depression hat auch einen negativen Einfluss auf die Diabeteserkrankung, sowohl in Bezug auf das Therapieverhalten und die Blutzuckereinstellung als auch auf die langfristige Prognose. Denn wer zusätzlich unter einem Stimmungstief leidet, setzt medizinische Empfehlungen und gesundheitsfördernde Maßnahmen nicht immer optimal um. Daher entwickeln sich öfter Komplikationen und auch das Risiko, an Diabetes zu sterben, ist erhöht. Man nimmt an, dass hierbei mehrere Faktoren – genetische, biologische, psychische und soziale – eine Rolle spielen und sich wechselseitig beeinflussen.
Eine wesentliche Rolle in der Entstehung einer Depression spielt bei Diabetikern sicher die Belastung durch die Erkrankung. Viele Betroffene tun sich sehr schwer, mit den diabetischen Komplikationen fertigzuwerden, oft kommt es auch zu beruflichen Problemen.
Umgekehrt erhöht sich bei depressiven Menschen die Gefahr, an Typ-II-Diabetes zu erkranken.

Depression bei Erkrankungen des Nervensystems

Beispiel Schlaganfall („Post-Stroke-Depression"):

Depressive Episoden stellen die bei Weitem häufigste psychiatrische Komplikation des Schlaganfalls dar. Eine Depression als Folge eines Schlaganfalls wird als „Post-Stroke-Depression" bezeichnet. Darunter versteht man neben einer typischen Depression oft auch Anpassungsstörungen, die mit depressiven Symptomen einhergehen.
Es stellt sich jedoch die Frage, ob z.B. Niedergeschlagenheit und Passivität Symptome des Schlaganfalls sind oder ob es sich dabei um eine Depression als Folgeerkrankung handelt. Im Alltag ist es sowohl für Angehörige als auch für Ärzte schwer, Stimmungslage und Antriebsniveau bei Schlaganfallpatienten richtig einzuschätzen. Auch Begleiterscheinungen wie Schlafstörungen oder Gewichtsveränderungen können nicht immer

sicher der Depression oder dem Schlaganfall zugeordnet werden. Drei Monate nach einem Schlaganfall leidet ein Fünftel der Patienten unter depressiven Störungen. Allerdings besteht das Problem, dass die Depression immer wieder übersehen und dann natürlich auch nicht behandelt wird.

Da es sehr wichtig ist, eine Depression möglichst frühzeitig zu erkennen, sollten Angehörige unbedingt auf erste Anzeichen wie apathisches Verhalten, Aggressivität, Weinen und Traurigkeit achten und einen Facharzt zurate ziehen. In der medikamentösen Behandlung werden hier moderne Antidepressiva eingesetzt. Näheres über Medikamente finden Sie ab *Seite 150*. Warum kommt es nach Schlaganfällen zu einer Depression? Einerseits spielt sicherlich die psychische Belastung durch Behinderung und Krankheit eine Rolle. Andererseits dürften auch spezifische, durch den Schlaganfall bedingte strukturelle oder neurochemische Veränderungen im Gehirn beteiligt sein.

Nach einem Schlaganfall kommt es nicht selten zu einer Depression

Die „Post-Stroke-Depression" wird oft übersehen

Depression bei Angsterkrankungen

Angsterkrankungen können sowohl Symptom als auch Ausgangsbasis einer Depression sein und in unterschiedlichen Formen in Erscheinung treten:

→ Die **Panikstörung** ist gekennzeichnet durch anfallsartige Angst, die mit körperlichen Beschwerden (Herzklopfen, Schwitzen, Zittern, Druck über der Brust, Schwindel, Kribbeln in den Armen, ...) und negativen Gedanken (Angst vor Herzinfarkt, vor Lähmung, vor Kontrollverlust, ...) verbunden ist. Die Angstanfälle dauern meist ca. 20 Minuten und klingen dann wieder ab. Panikstörungen können immer und überall, unabhängig von der jeweiligen Situation, auftreten.

→ Die **generalisierte Angststörung** ist gekennzeichnet durch eine lang andauernde Angst, die nicht situationsbezogen ist und ebenfalls mit körperlichen Beschwerden wie Anspannung, Herzklopfen und Schwitzen einhergeht. Betroffene grübeln viel und machen sich ständig Sorgen.

→ Bei der **Agoraphobie** (Angst vor der Außenwelt) tritt die Angst anfallsartig auf und ist auf bestimmte Objekte oder Situationen (Angst vor geschlossenen Räumen, vor öffentlichen Verkehrsmitteln, vor freien Plätzen) gerichtet.

→ Bei der **Sozialphobie** entsteht die Angst anfallsartig und ist auf die Mitmenschen bezogen: Angst vor der Beurteilung durch andere, Angst, im Mittelpunkt der Aufmerksamkeit zu stehen, Angst vor Kontaktaufnahme etc.

→ Die **spezifische Phobie** ist eine anfallsartige Angst, beschränkt auf eine bestimmte Situation oder ein Objekt. Man unterscheidet dabei vier verschiedene Typen von spezifischen Phobien (verbunden mit entsprechendem Vermeidungsverhalten): *Tier-Typus* (Angst vor Spinnen, Schlangen, Hunden etc.), *Blut-Spritzen-Verletzungs-Typus* (Anblick von Blut, medizinische Prozeduren, Zahnarztbesuch führen zu einer Angstattacke), *situativer Typus* (Angst vor Aufzug, Tunnel, Flugzeug etc.) und *Umwelt-Typus* (Angst vor Gewitter, Höhe, Wasser etc.).

Angsterkrankungen sind oft Langzeiterkrankungen, die dann in einem erheblichen Prozentsatz zu anderen psychischen Leiden wie Depression oder Sucht führen können.

Umgekehrt kann Angst auch ein Symptom der Depression sein. Ist dies der Fall, so haben Betroffene hauptsächlich Angst vor Leistungsüberforderung oder vor der Zukunft. Eigenständige Ängste, die nicht mit einer Depression in Zusammenhang stehen, beziehen sich hingegen mehr auf bestimmte Situationen oder Objekte. Dazu gehört z.B. die Angst vor freien Plätzen, vor negativer Beurteilung oder vor spitzen Gegenständen etc.

Wichtig ist, ob ein zeitlicher Zusammenhang zwischen dem Auftreten von Angst und Depression besteht. Das sollten Sie dem Arzt mitteilen. So kann er feststellen, ob es sich um eine selbstständige Angsterkrankung oder ein Depressionssymptom handelt. War schon vorher eine Angsterkrankung vorhanden, muss diese zusätzlich separat behandelt werden. Ist die Angst jedoch Symptom der Depression, so ist sie auf die depressive Episode beschränkt und sollte im Rahmen der Depressionsbehandlung abklingen.

Depression und Alkoholabhängigkeit

Depression und Alkoholabhängigkeit treten häufig in Kombination auf. Bis zu 75% der Alkoholkranken leiden unter einer depressiven Symptomatik und bei Vorliegen einer Depression ist das Risiko für gesteigerten Alkoholkonsum um das Zwei- bis Dreifache erhöht.

Depressionen treten bei Alkoholkranken meist durch eine akute Alkoholvergiftung, als Folge von Alkoholentzug oder als Reaktion auf alkoholbedingte psychosoziale Probleme (z.B. Arbeitsplatzverlust, Partnerschaftsprobleme, Führerscheinverlust usw.) auf. Alkoholabhängige Patienten mit Depressionen stellen nach außen hin gerne die depressiven Symptome in den Vordergrund, weil diese weniger stigmatisierend sind. Das kann für die Behandlung gefährlich sein, weil der Arzt die Art und die Dosis der antidepressiven Medikamente auch auf das Alkoholproblem und die dadurch eventuell entstandenen körperlichen Schädigungen abstimmen muss. Im eigenen Interesse ist hier unbedingt Ehrlichkeit angebracht!

In der Therapie einer mit Alkoholabhängigkeit kombinierten Depression werden spezielle Schulungen (= Psychoedukation) und psychotherapeutische Maßnahmen sowie Medikamente gegen Depressionen eingesetzt.

Spezielle Probleme können sich in der medikamentösen Behandlung bei alkoholbedingten körperlichen Krankheiten wie Lebererkrankungen, Herzerkrankungen oder Diabetes ergeben. Sie sollten daher den Arzt, der Sie gegen Depressionen behandelt, offen über Ihre Alkoholabhängigkeit und eventuell damit in Zusammenhang stehende Krankheiten informieren. Nur so kann er das für Sie richtige Medikament in der geeigneten Dosis finden.

Depression im Zusammenhang mit Persönlichkeitsstörungen

Viele Patienten mit einer Persönlichkeitsstörung weisen eine weitere psychiatrische Krankheit auf. Die am häufigsten zu beobachtende Begleiterkrankung ist die Depression. Etwa 50% aller Menschen mit Persönlichkeitsstörungen leiden darunter.

Umgekehrt kann man davon ausgehen, dass ein beträchtlicher Teil der Menschen, die an einer Depression leiden, auch eine Persönlichkeitsstörung hat.

Der Verdacht auf eine Persönlichkeitsstörung liegt dann vor, wenn einzelne Ausprägungen der Persönlichkeit besonders stark vorhanden sind. Das macht diesen Menschen die flexible Anpassung an bestimmte Situationen und Anforderungen des Alltags schwer. Dies führt oft zu Spannungen und Problemen mit den Mitmenschen. Die Betroffenen leiden häufig selbst darunter.

Persönlichkeitsstörungen sind oft von einer Depression begleitet

Schlafprobleme können Depressionen auslösen, aber auch ein Symptom dafür sein

Es gibt eine Reihe verschiedener Persönlichkeitsstörungen, die sich durch paranoides, exzentrisches, launisches oder „dramatisches" Verhalten äußern können. Am häufigsten führt jedoch eine Persönlichkeitsstörung zur Depression, bei der die Betroffenen ein übermäßig ängstliches und furchtsames Verhalten zeigen.

Insgesamt wird bei Patienten mit Depression und Persönlichkeitsstörungen eine Kombinationsbehandlung aus medikamentöser Behandlung und Psychotherapie empfohlen.

Depression und Schlafstörungen

Schlaf und Gemütszustand stehen in engem Zusammenhang. Schlafstörungen sind ein typisches Zeichen der Depression. Schlaf wirkt sich aber auch auf die allgemeine Stimmungslage aus und diese wiederum auf den Schlaf. Schlafmangel kann nicht nur zu Müdigkeit und Schläfrigkeit, sondern auch zu Depressionen führen. Umgekehrt können Depressionen die Ursache für Schlafprobleme sein, die sich in unzureichendem oder übermäßigem Schlaf ausdrücken. Schlafstörungen dieser Art können nur behoben werden, wenn die Ursache, also die Depression, behandelt wird.
Wichtig ist zuerst die Feststellung, ob die eigentliche Ursache für die Beeinträchtigung der Gesundheit im Schlaf oder in der Gemütsverfassung liegt. Leidet jemand unter Ein- und Durchschlafstörungen sowie unter vorzeitigem Erwachen, ohne wieder einschlafen zu können, sollte auch nach weiteren Zeichen einer Depression gefahndet werden. Bei entsprechender Diagnostik und Behandlung ist eine Schlafstörung gut zu beheben.

Liegt jedoch eine so genannte „primäre" Schlafstörung vor (z.B. schlafbezogene Atmungsstörungen wie die obstruktive Schlafapnoe, die mit Atemaussetzern, lautem, unregelmäßigem Schnarchen und Schlafunterbrechungen einhergeht), so bekommen die Betroffenen nie ausreichend Schlaf. Sie sind dann tagsüber abgespannt und müde, was manchmal durch die zunehmende Erschöpfung auch eine depressive Symptomatik auslösen kann.

Auch andere Schlafstörungen, wie z.B. das Syndrom der ruhelosen Beine (Restless-Legs-Syndrom = RLS) oder periodische Bewegungen der Gliedmaßen (Periodic Limb Movement Disorder = PLMD), die im Schlaf Zuckungen in den Beinen verursachen, führen aufgrund der Schlafunterbrechungen zu Tagesmüdigkeit und andauernder Schläfrigkeit.

Eine genauere Abklärung bei länger anhaltenden Schlafstörungen kann im Schlaflabor erfolgen. Menschen mit Depressionen weisen manchmal ungewöhnliche Schlafmuster im Tief- und Traumschlaf auf. Der Patient verbringt dort die Nacht und wird an Geräte angeschlossen, die u.a. Atmung, Hirnströme, einzelne Schlafstadien etc. aufzeichnen. So lässt sich die Ursache einer Schlafstörung herausfinden. In Österreich verfügen viele Spitäler über ein Schlaflabor. Eine Liste finden Sie unter *www.schlafmedizin.at.*

Unabhängig von der Wechselbeziehung zwischen Schlaf und Depression sowie von den jeweiligen Therapieansätzen kann oft eine deutliche Verbesserung des Schlafes durch einfache, schlaffördernde Maßnahmen (siehe Kasten rechts) erreicht werden.

Tipps für einen erholsamen Schlaf:
- → *Den Abend ruhig ausklingen lassen (entspannendes Bad, angenehme Musik, Lesen)*
- → *Rituale wie eine Tasse beruhigenden Kräutertee oder warme Milch vor dem Zubettgehen*
- → *Keine anstrengenden körperlichen Aktivitäten (z.B. Laufen) in den letzten zwei Stunden vor dem Schlafengehen*
- → *Keine späten schweren Mahlzeiten*
- → *Vor dem Schlafengehen kein Alkohol, keine Zigaretten und keine stimulierenden Getränke wie Kaffee, Schwarztee, Energy Drinks etc.*
- → *Täglich um die gleiche Zeit ins Bett gehen*
- → *Bequemes Bett*
- → *Ruhe im Schlafzimmer*
- → *Kühle Temperatur im Schlafzimmer*

Ihre Fragen – unsere Antworten

→ *Geht eine Depression auch mit körperlichen Erkrankungen einher?*

Ja. Depression ist beispielsweise häufig eine Begleiterkrankung bei Diabetes; sie kann aber auch nach einem Schlaganfall oder Herzinfarkt auftreten.

→ *Löst Diabetes eine Depression aus oder kann eine Depression zu Diabetes führen?*

Sowohl als auch. Vielfach hat die Belastung der Diabeteserkrankung mit allen Einschränkungen, Komplikationen und Folgen einen negativen Einfluss auf die Gemütslage. Umgekehrt entwickeln aber auch viele Depressionspatienten einen Diabetes.

→ *Viele Alkoholabhängige behaupten, sie seien depressiv und nicht alkoholkrank ...*

Tatsächlich geht Alkoholabhängigkeit in bis zu 75% aller Fälle mit Depressionen einher. Alkoholvergiftung, Entzug, aber auch soziale Probleme, die aus der Alkoholkrankheit resultieren, sind die hauptsächlichen Auslöser. Allerdings betonen Betroffene ihren Mitmenschen und dem Arzt gegenüber gerne die depressiven Symptome und verschweigen das Alkoholproblem. Dies kann gefährlich werden, da der Arzt bei der Auswahl und Dosierung der Medikamente über die Alkoholkrankheit und mögliche körperliche Folgeschäden Bescheid wissen muss.

→ *Sind Schlafstörungen ein Zeichen von Depression?*

Sie können ein Symptom der Depression sein. Umgekehrt kann aber auch eine längerfristige, durch andere Faktoren (z.B. durch nächtliche Atemaussetzer) verursachte Schlafstörung tagsüber zu Müdigkeit und letztlich zu Erschöpfung führen. Dies kann in einer Depression münden.

Eine Depression kommt selten allein | **KAPITEL** 4

Diagnose und Behandlung

KAPITEL 5

Hilfe ist möglich!

Betroffene erzählen:
Ich habe mich zum Leben bekannt

Vor vier Jahren beging ich eine Kurzschlusshandlung, die ich glücklicherweise überlebt habe.

Der Auslöser war wohl meine berufliche Situation, die sich immer mehr zugespitzt hatte. Ich arbeitete im EDV-Bereich, wo die Spezialisierung immer höher wird, sodass selbst Spezialisten wie ich unter Druck geraten. Eines Tages musste ich in unserer Firma das System wieder einmal auf eine neue Software umstellen, und zwar innerhalb eines Wochenendes. Dieses enge Zeitfenster erzeugte bei mir enormen Stress.

Dazu kam, dass ich eine Prüfung machen musste, wie es bei Technikern üblich ist. Ich habe immer mehr Angst bekommen, das nicht zu schaffen. Letztlich habe ich zwar bestanden, wusste aber, dass mich die jüngeren Kollegen rechts und links überholen.

Als sich meine Situation mit Versagensängsten und Schlafproblemen immer mehr zuspitzte, sprach ich mit meinem Chef. Gemeinsam mit dem Betriebsarzt hat er einen Aufenthalt in einer Rehabilitationsklinik angeregt. Dort bin ich erst einmal „aufgefangen" worden. Es hat gut getan, mich mit anderen Betroffenen auszutauschen. Nach der sechswöchigen Rehabilitation sollte ich noch Urlaub nehmen und dann in der Firma mit einem neuen Ausbildungsplan anfangen. Nach meiner Rückkehr aus der Reha hat jedoch ein Kunde im Burgenland Hilfe gebraucht und ich bin hingefahren in der Meinung, ich könnte mir dort ein lange vermisstes Erfolgserlebnis holen. Es wurde allerdings ein Desaster. Ich konnte mich nicht konzentrieren und habe mehr verpfuscht als repariert.

Auch haben meine Ängste wieder stark zugenommen. Nach erfolglosen Psychotherapiebehandlungen kam ich schließlich zu einem Psychiater, der meinte, in drei Monaten könne ich wieder fit sein. Wieder drei Monate, in denen ich in der Firma nicht voll leistungsfähig war. Wie sollte das gehen?

Nach der ersten Sitzung meinte der Psychiater, ich solle ihn unbedingt am Wochenende anrufen und ihm sagen, wie es mir geht. Also habe ich ihn dann am Samstag nach einem Einkaufstag mit meiner Freundin angerufen und gesagt, es sei alles in Ordnung. Aber ich war wohl nicht ehrlich ...

Was weiter an diesem Tag passiert ist, weiß ich nur noch teilweise. Meine Freundin ging ins Bad, während ich auf dem Balkon stand.

Und dann bin ich gesprungen.

Ich kann mich an den Sprung nicht mehr erinnern und will es auch nicht. Auch nicht an die Zeit danach. Man sagt mir, ich habe während des ganzen Krankenhausaufenthalts nie gefragt, was passiert war.

Insgesamt war ich fast fünf Monate im Spital, dann noch auf Rehabilitation, wo ich auch psychisch betreut wurde. Heute habe ich mich körperlich und seelisch erholt. Glücklicherweise bin ich nicht im Rollstuhl gelandet! Mit meinen Depressionen bin ich beim Psychiater in Behandlung, nehme geringe Dosen Psychopharmaka und es geht mir so weit gut.

Von meiner Firma bin ich bei Bezahlung freigestellt, bis ich in Pension gehen kann. Und ich fühle mich tatsächlich befreit.

Ich spiele wieder Posaune und habe mich sogar einer Big Band angeschlossen.

Aus heutiger Sicht bin ich froh, dass ich überlebt habe. Auch wohne ich nach wie vor in meiner Wohnung und betrete sogar den Balkon, ohne dass es mich belastet. Ich habe die Vergangenheit hinter mir gelassen und mich zum Leben bekannt.

Josef, 57, EDV-Techniker

Je später die Behandlung einsetzt, umso länger dauert die Genesung

Keine Zeit verlieren!

Besteht der Verdacht auf eine Depression, so ist dies unbedingt durch einen Arzt abzuklären! Denn die Behandlung der Krankheit sollte so rasch wie möglich beginnen. Bleibt eine Depression unbehandelt oder setzt die Therapie erst verzögert ein, ergeben sich daraus wesentliche Nachteile für den Betroffenen: Die Genesung erfolgt langsamer, der Krankenstand dauert länger und das Risiko für Komplikationen ist erhöht.

Verdacht auf Depression: Das macht der Arzt

Der Arzt wird zunächst fragen, welche Krankheitszeichen seit wann vorhanden sind. Außerdem kann er eventuell manche Symptome (z.B. Konzentrationsprobleme, Unruhe in den Bewegungen) selbst am Patienten beobachten. In weiterer Folge müssen zahlreiche andere Aspekte – über körperliche und psychische Krankheiten sowie deren Behandlung – vom Arzt erfragt werden.

Erhebung der Krankengeschichte (Anamnese):
→ Hatten Sie in der Vergangenheit internistische (z.B. Blutdruck, Diabetes) bzw. neurologische (z.B. Morbus Parkinson, Schlaganfall) Erkrankungen?
→ Bestehen chronische körperliche Krankheiten, die zu Einschränkungen im Alltag führen?
→ Haben Sie schon früher an Episoden einer Depression oder einer anderen psychischen Krankheit gelitten?
→ Haben Sie je einen Suizidversuch unternommen?
→ Konsumieren Sie Alkohol oder Drogen, rauchen Sie?
→ Welche Medikamente nehmen Sie derzeit ein? Welche haben Sie früher über einen längeren Zeitraum eingenommen?
→ Wurden Sie in der Vergangenheit psychiatrisch behandelt (z.B. mit Antidepressiva, Schlafmitteln, Psychotherapie)?

Erhebung der Lebensgeschichte:
→ Wurden Sie mit belastenden Ereignissen konfrontiert (z.B. Tod oder schwere Krankheit eines nahen Angehörigen, Arbeitsplatzverlust)?
→ Haben Sie ein Familienmitglied über einen längeren Zeitraum gepflegt?
→ Gab es Konflikte und Belastungen, die Ihnen Sorgen bereitet haben?

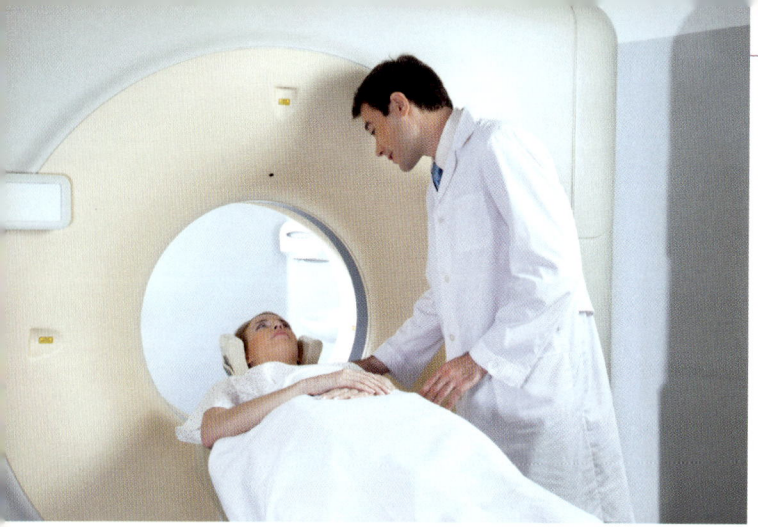

Eventuell kann auch eine Computertomografie notwendig sein

Körperliche Untersuchungen

Sie sind vielleicht irritiert, wenn Ihr Arzt zunächst einige körperliche Untersuchungen an Ihnen durchführt bzw. vorschlägt. „Was haben solche Untersuchungen mit meinem Gemütszustand zu tun?", werden Sie sich fragen.

Einerseits können körperliche Krankheiten ebenfalls Symptome einer Depression hervorrufen. Daher ist in solchen Fällen eine entsprechende Abklärung erforderlich. Andererseits dürfen manche Medikamente zur Behandlung der Depression bei Vorhandensein bestimmter Krankheiten oder Risikofaktoren nicht oder nur unter gewissen Auflagen verordnet werden.

Folgende Untersuchungen können notwendig sein:

Computertomografie des Gehirns (CT)

Bei dieser Untersuchung mittels Röntgenstrahlen kann das Gehirn auf einem Computerbildschirm in Schichten dargestellt werden. Damit lassen sich Veränderungen im Hirngewebe feststellen. Diese können z.B. auf Entzündungen, Tumoren (gutartige oder bösartige Wucherungen), Durchblutungsstörungen oder einen Schlaganfall hinweisen.

Kernspintomografie (MRT, MRI, NMR)

Die Kernspintomografie (auch Magnetresonanztomografie, abgekürzt MRT, MRI oder NMR) ist ein bildgebendes Verfahren, das zur Darstellung von Struktur und Funktion der Gewebe und Organe im Körper eingesetzt wird. Mithilfe von Magnetfeldern können Schnittbilder des Körpers besonders genau und scharf dargestellt werden. Es kommt keine Röntgenstrahlung zum Einsatz.

Der Patient liegt bei dieser Untersuchung in einer Röhre. Als störend wird von manchen die Beengtheit der Röhre bzw. das laute Geräusch während der Untersuchung empfunden.

Elektroenzephalografie (EEG)

Die Elektroenzephalografie bildet die elektrische Aktivität des Gehirns ab. Bei dieser Untersuchung können Hinweise auf Funktionsstörungen des Gehirns gewonnen werden.

Die Elektroden werden durch eine Haube an den richtigen Stellen der Kopfhaut festgehalten, der Patient sitzt oder liegt dabei bequem. Die Elektroden werden üblicherweise mit einer Kontaktflüssigkeit benetzt, um eine bessere Leitung der elektrischen Spannung zu ermöglichen; diese lässt sich nach der Untersuchung leicht abwaschen.

Den wichtigsten Stellenwert hat die Elektroenzephalografie heute in der Diagnose von epileptischen Erkrankungen und Schlafstörungen.

Blutabnahme

Ein Bluttest gibt Hinweise auf eventuelle körperliche Erkrankungen, die auch auf das Gehirn wirken und möglicherweise eine Depression hervorrufen oder verstärken können. Außerdem werden manchmal durch die Depression (z.B. wenn sie mit vermindertem Appetit und Gewichtsverlust einhergeht) auch körperliche Funktionen beeinträchtigt. Dies kann sich in den Blutbefunden zeigen.

Außerdem können manche Medikamente zur Depressionsbehandlung, die bei körperlich gesunden Menschen völlig harmlos sind, bei Vorliegen bestimmter körperlicher Krankheiten zu Nebenwirkungen führen. Aus diesem Grund erfolgt oft eine Blutabnahme vor Beginn einer medikamentösen Behandlung. Auch bei länger dauernder Einnahme von Medikamenten ist es sinnvoll, zur Sicherheit über die Blutbefunde zu kontrollieren, ob es zu Funktionsveränderungen von Organen gekommen ist. Die hier bestimmten Blutwerte sind üblicherweise dieselben, die routinemäßig vom Hausarzt untersucht werden (z.B. Leber- und Nierenfunktion, Blutzellen, Blutzucker).

Darüber hinaus kann im Blut die Konzentration von Medikamenten bestimmt werden. So werden z.B. Lithium oder Antiepileptika nach der Konzentration im Blut dosiert, denn diese Medikamente haben in zu niedriger Dosierung keine Wirkung und in zu hoher Dosierung ein erhöhtes Risiko für Nebenwirkungen.

Die Bestimmung von Schilddrüsenhormonen oder Sexualhormonen aus dem Blut dient einerseits der Diagnostik, andererseits aber auch dem Ausschluss von Nebenwirkungen einzelner Medikamente.

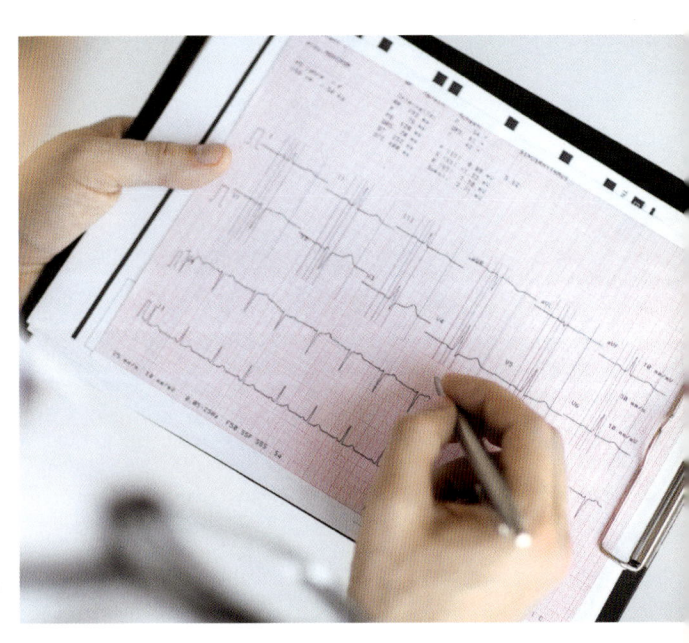

Depressionen können das Risiko für Herzerkrankungen erhöhen

Elektrokardiogramm (EKG)

Das Elektrokardiogramm ist die Aufzeichnung der Summe der elektrischen Aktivitäten des gesamten Herzens. Mittels dieser Untersuchung können Hinweise auf zahlreiche Krankheiten des Herzens gewonnen werden. Denn Depressionen können das Risiko für manche Herzkrankheiten erhöhen, auch dürfen viele Medikamente bei bestimmten Herzkrankheiten nur eingeschränkt eingenommen werden. Aus diesem Grund wird ein Elektrokardiogramm oft vor Beginn einer medikamentösen Behandlung durchgeführt.

Harnuntersuchung

Die Harnuntersuchung kann Hinweise auf körperliche Erkrankungen geben, die fallweise in Kombination mit einer Depression vorkommen können. Auch wenn Drogen genommen werden und Verdacht auf eine Depression besteht, sollte das dem Arzt mitgeteilt werden. Der Arzt unterliegt der Schweigepflicht.

Psychologische Diagnostik

Hierbei handelt es sich um standardisierte psychologische Tests, über die zusätzliche Informationen gewonnen werden. Diese werden vor allem für folgende Fragestellungen eingesetzt:
→ Ausschluss anderer (psychischer) Krankheiten bei der Abgrenzung zur Depression. Denn nicht nur körperliche Erkrankungen können Symptome einer Depression zur Folge haben, sondern auch psychische.
→ Messung von Verbesserungen im Krankheitsverlauf
→ Erfassung von Intelligenz
→ Erfassung der Arbeitsleistung in der Rehabilitation

Welcher Experte kann wie helfen?

Praktischer Arzt (Arzt für Allgemeinmedizin)

Ärzte für Allgemeinmedizin haben ein Medizinstudium abgeschlossen. Nach Ende des Studiums erwerben die Mediziner im Rahmen einer Turnusausbildung in unterschiedlichsten Bereichen praktisches Wissen. So arbeiten sie während ihrer Ausbildung unter anderem im Bereich der Chirurgie, der Frauenheilkunde, der Inneren Medizin, der Dermatologie, der Kinderheilkunde sowie der Psychiatrie bzw. der Neurologie.
Der Aufgabenbereich der Allgemeinmediziner beinhaltet die Grundversorgung aller Patienten mit körperlichen und seelischen Krankheiten. Sie sind darauf spezialisiert, als erste ärztliche Ansprechpartner bei allen Gesundheitsproblemen zu beraten und die erste Behandlung zu übernehmen. Sehr häufig ist für die wirksame Behandlung kein Facharzt erforderlich, sondern die Therapie kann durch den Allgemeinmediziner zu-

frieden stellend durchgeführt werden. Aber auch wenn Fachspezialisten nötig sein sollten, koordiniert der Arzt für Allgemeinmedizin die verschiedenen therapeutischen Maßnahmen.

Psychiater

Die korrekte Bezeichnung für einen Psychiater lautet auch: Facharzt für Psychiatrie und Psychotherapeutische Medizin bzw. Facharzt für Psychiatrie (früher auch: Facharzt für Psychiatrie und Neurologie).
Psychiater haben Medizin studiert und sind daher Ärzte. Im Anschluss an das Studium müssen sie eine mehrjährige praktische und theoretische Ausbildung an einer psychiatrischen Krankenhausabteilung absolvieren, um Psychiater zu werden. Eine psychotherapeutische Ausbildung ist für Psychiater verpflichtend.
Zu den Aufgaben des Psychiaters gehören das Erstellen einer Diagnose und die Behandlung von psychischen Erkrankungen in Zusammenarbeit mit anderen Berufsgruppen aus dem Gesundheitsbereich. Psychiater setzen üblicherweise psychotherapeutische Interventionen und soziotherapeutische Methoden ein (siehe *Seite 157*). Sie dürfen aber auch Medikamente verschreiben – eine Behandlung mit Antidepressiva ist bei Vorliegen einer Depression oft wichtig und hilfreich.

Psychologe

Psychologen haben das Studium der Psychologie absolviert. Sie beschäftigen sich nicht nur mit psychischen Krankheiten, sondern auch ganz allgemein mit den Gesetzmäßigkeiten des menschlichen Seelenlebens. Viele Psychologen absolvieren nach dem Studium eine Zusatzausbildung zum „Klinischen Psychologen" oder/und auch eine Ausbildung in Psychotherapie.

Zur Unterstützung der Diagnose können Psychologen Tests zu Leistungsfähigkeit, Persönlichkeitszügen, Intelligenz oder Stimmungslage durchführen. Psychologische Behandlungen beschäftigen sich unter anderem mit der Bewältigung von Stress oder Angst und dem Training von Konzentration bzw. Gedächtnis.

Psychotherapeut

Psychotherapeuten absolvieren eine mehrjährige Ausbildung, die aus einem allgemeinen Theorieteil und einer speziellen Ausbildung in einer der Psychotherapieschulen (z.B. Verhaltenstherapie, Psychoanalyse, Familientherapie, Gestalttherapie) besteht. Näheres über diese Verfahren lesen Sie ab *Seite 157*. Diese Ausbildung wird häufig zusätzlich zu einer anderen Berufsausbildung gemacht, beispielsweise von Sozialarbeitern, Ärzten, Psychologen, Ergotherapeuten, Physiotherapeuten oder Krankenpflegepersonen.

Die Psychotherapie ist eine der zentralen Methoden zur Behandlung psychischer Erkrankungen (wie die Soziotherapie oder Psychopharmaka). Aufgabe der Psychotherapie ist es, psychische Erkrankungen, aber auch andere psychische Leidenszustände (z.B. nach einem Todesfall) durch therapeutische Gespräche gezielt zu behandeln.

Diplomierter Lebensberater

Lebens- und Sozialberatung ist die professionelle Beratung und Betreuung von Menschen in Problem- und Entscheidungssituationen. In Österreich ist das Ausüben der „Lebens- und Sozialberatung" streng reglementiert. Lebensberater dürfen in Österreich keine Krankheiten behandeln. Ihre Beratungstätigkeit beschränkt sich auf den sozialen Bereich, also auf Fragen zu Familie und Partnerschaft, sowie auf die Arbeitswelt.

Coach

Der Begriff „Coaching" wird oft recht willkürlich und in widersprüchlicher Form verwendet, die häufig mit betrieblicher Organisation oder Sport zu tun hat. Eine häufige Formulierung besagt, Coaching sei eine „Begleitung" oder „Unterstützung" des Klienten, bei der dieser selbst zu einer Problemlösung finden soll. Dabei bleiben die Begriffe „Begleitung" und „Unterstützung" jedoch oft sehr vage, sodass nicht klar ist, was konkret damit gemeint ist. Coaching ist also keine Form der Behandlung und kann eine Therapie keinesfalls ersetzen.

Jeder Experte hat einen unterschiedlichen Zugang zur Behandlung der Depression

Allgemeinmediziner oder Spezialist?

Die meisten Patienten mit depressiven Erkrankungen können durch den Allgemeinarzt (praktischen Arzt) richtig und ausreichend behandelt werden. Der Vorteil einer Behandlung durch den Allgemeinarzt ist, dass der Patient diesen üblicherweise seit längerer Zeit kennt und die Behandlung in einer vertrauten Umgebung erfolgt. Der Hausarzt kann eine diagnostische Abklärung durchführen, die alle erforderlichen körperlichen Untersuchungen einschließt.

So wie bei vielen körperlichen Krankheiten kann der Allgemeinmediziner oft auch die Depression mit Antidepressiva behandeln, ohne einen Facharzt beizuziehen. Er wird dann an den Facharzt überweisen, wenn …

... jemand nicht auf die Behandlung anspricht,
... die Therapie schlecht vertragen wird,
... die Erkrankung sehr schwer ausgeprägt ist,
... Komplikationen auftauchen,
... mehrere psychische Erkrankungen zur selben Zeit auftreten.

Die Entscheidung, ob die Behandlung durch den praktischen Arzt selbst durchgeführt oder der Betroffene an einen Facharzt für Psychiatrie weitergeleitet wird, trifft der Allgemeinmediziner aufgrund seines Vorwissens und seiner klinischen Erfahrungen. Natürlich kann sich aber auch der Patient selbst an einen Facharzt wenden. (Bei Vorliegen einer Schwangerschaft ist vor Beginn einer etwaigen medikamentösen Therapie eine Zuweisung an einen Facharzt für Psychiatrie indiziert.)

Der Arzt als vertrauter Gesprächspartner

Bei jedem Menschen, der an einer Depression erkrankt, tauchen zahlreiche Fragen betreffend die Krankheit, ihre Ursachen und die Möglichkeiten der Behandlung auf. Depressionen sind mit persönlichem Leid verknüpft, auch wenn die Krankheit für andere nicht immer (wie z.B. ein Gipsbein) eindeutig erkennbar ist. Aus diesen Gründen ist es enorm wichtig, einen vertrauten Gesprächspartner zu haben, auf dessen Rat man hört und den man bei Unklarheiten fragen kann.

Psychotherapeutische Basisbehandlung

Unter einer psychotherapeutischen Basisbehandlung versteht man unterstützende und informative Gespräche mit dem Patienten, bei denen dieser u.a. über die Krankheit und die Therapie ausführlich aufgeklärt wird. Diese Gespräche können sowohl vom Facharzt als auch vom Allgemeinmediziner mit dem Patienten und dessen Angehörigen geführt werden. Diese unterstützende Therapie wird auch als „psychotherapeutische Basisbehandlung" oder als „supportive Psychotherapie" bezeichnet und ist zentraler Bestandteil jedes Gesamtbehandlungsplans von Depressionen – unabhängig davon, ob spezifische psychotherapeutische Verfahren geplant sind.

Falls darüber hinaus eine spezifische Psychotherapie notwendig ist und der praktische Arzt die entsprechende Ausbildung dafür nicht besitzt, wird der Patient an einen diesbezüglich kompetenten Psychotherapeuten weitergeleitet.

Zu den wesentlichsten Elementen einer „psychotherapeutischen Basisbehandlung" gehören:
→ *Aufbau einer vertrauensvollen Beziehung*
→ *Informationsvermittlung zur Entstehung von Depressionen*
→ *Informationsvermittlung zum Umgang mit Depressionen*
→ *Unterstützung des Patienten in dem Ziel, den Leidenszustand der Depression als Krankheit zu akzeptieren*
→ *Besprechen der Vor- und Nachteile der einzelnen Therapieverfahren (inkl. der Haupt- und Nebenwirkungen von Medikation und spezifischer Psychotherapie)*
→ *Hilfe bei Entscheidungsfindungen*
→ *Klärung von Alltagsfragen betreffend die Erkrankung*
→ *Planen von realistischen, erreichbaren Zielen*

Wann ist eine stationäre Aufnahme sinnvoll?

Die meisten Menschen mit Depressionen können problemlos ambulant behandelt werden. Viele Patienten benötigen nicht einmal einen Facharzt oder einen anderen Spezialisten, sondern die Behandlung durch einen Allgemeinmediziner ist völlig ausreichend.

Ob im Einzelfall eine stationäre Aufnahme im Krankenhaus sinnvoll ist, hängt von mehreren Aspekten ab. Folgende Faktoren können u.a. Anlass für eine stationäre Behandlung sein:

→ Besonders schwere und belastende Krankheitssymptome. In seltenen Fällen rufen diese Symptome auch eine fast unerträgliche Angst hervor. In diesem Fall kann eine Aufnahme im Krankenhaus hilfreich sein, da man im Spital auch höhere Medikamentendosen einsetzen kann, um die Symptome rasch zu lindern.

→ Zusätzlich zu den üblichen Krankheitszeichen einer Depression auftretende untypische Symptome (z.B. starke Wahrnehmungsstörungen wie Halluzinationen), die zu Spannungen mit anderen Menschen führen. Bei solchen Spannungen mit Angehörigen bzw. Mitbewohnern ist es daher oft für den Betroffenen günstig, diesen Stress durch eine Aufnahme im Krankenhaus zu vermindern.

→ Mangelndes Ansprechen auf die ambulante Therapie

→ Unsicherheit in der Diagnostik, wenn der Arzt den Kranken nur zeitweise sieht. Im Krankenhaus kann die Symptomatik hingegen durchgehend genau beobachtet werden.

→ In seltenen Fällen kann ein Patient auf die medikamentöse Behandlung mit stärkeren Nebenwirkungen, wie sie im Beipackzettel angeführt sind, reagieren. Auch dann ist ein Krankenhausaufenthalt angezeigt.

→ Suizidabsichten, sodass eine Gefahr für die Gesundheit oder das Leben des Kranken selbst besteht

Grundsätzlich kann jedoch eine akute Depressionsepisode auch ambulant behandelt werden, was heute üblicherweise der Fall ist.
Die Entscheidung über eine stationäre Behandlung muss aber immer im Einzelfall zwischen Patient und behandelndem Arzt getroffen werden. Oft ist es hilfreich, auch die Familienangehörigen in die Überlegungen einzubeziehen.

Welche Hilfe ist möglich? | **KAPITEL 5**

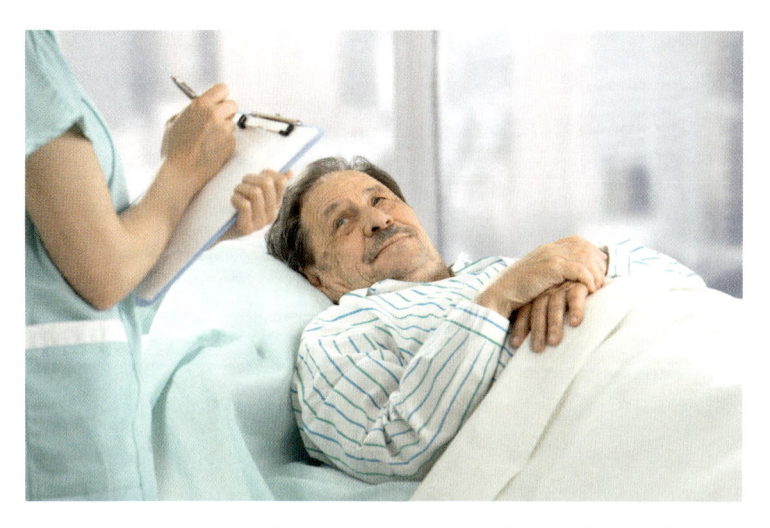

Gegen den eigenen Willen ins Spital gebracht? Das ist nur bei ernstlicher Gefährdung des Lebens oder der Gesundheit möglich

Kann jemand gegen seinen Willen an einer psychiatrischen Station aufgenommen und behandelt werden?

Im Prinzip gelten für die Behandlung psychischer Erkrankungen dieselben Bedingungen und Gesetze wie für die Behandlung körperlicher Erkrankungen. Die Aufnahme im Krankenhaus und die Behandlung erfolgen üblicherweise im Übereinkommen zwischen Arzt und Patient. Das heißt, dass ein Arzt einen Patienten nicht behandeln darf, wenn der Patient nicht einverstanden ist.

Im Normalfal ist keine Behandlung ohne Zustimmung des Patienten möglich!

Von dieser Regel gibt es zwei Ausnahmen:
1. Wenn akute Lebensgefahr für den Patienten besteht: In diesem Fall darf ein Arzt einen Patienten auch ohne dessen Zustimmung behandeln (z.B. bei Bewusstlosigkeit nach einem schweren Verkehrsunfall).
2. Wenn aufgrund einer psychischen Erkrankung eine ernstliche und erhebliche Gefahr für den Kranken oder andere Personen besteht: Diese seltene Ausnahme einer Behandlung psychischer Erkrankungen ist durch das **Unterbringungsgesetz (UbG)** geregelt.

Unterbringungsgesetz (UbG) im Zusammenhang mit Depressionen:
Nur wenn durch eine psychische Erkrankung eine ernstliche und erhebliche Gefährdung für das Leben oder die Gesundheit besteht, darf ein psychisch Kranker auch gegen seinen Willen an einer psychiatrischen Krankenhausabteilung aufgenommen und behandelt werden. Die Betonung der „ernstlichen und erheblichen Gefährdung" des Lebens oder der Gesundheit bedeutet, dass ein rein finanzieller oder sozialer Schaden für eine Unterbringung nicht ausreicht.

Um die Rechte der Patienten an psychiatrischen Abteilungen besonders zu schützen, wurde 1991 das Unterbringungsgesetz (UbG) geschaffen. In diesem Gesetz sind alle Voraussetzungen und Rahmenbedingungen geregelt (z.B. unabhängiger Gutachter, Rechtsbeistand, maximal zulässige Dauer einer Aufnahme gegen den Willen des Patienten).

Zum Schutz des Kranken bei Spitalsaufnahme gegen seinen Willen wurde vom Gesetz auch festgelegt, dass ein „Patientenanwalt" die Anliegen des Betroffenen vertritt. Die Patientenanwälte handeln völlig unabhängig vom psychiatrischen Versorgungssystem. In jedem Krankenhaus mit einer psychiatrischen Abteilung müssen Patientenanwälte verfügbar sein.

Grundlagen der Depressionsbehandlung

Bei der Therapie von Depressionen geht es einerseits um die Behandlung einer aktuellen Krankheitsepisode (Akutbehandlung) und andererseits um die Verhinderung von Rückfällen (Rückfallverhütung).

In der Akutbehandlung von mittelschweren und schweren Depressionen sind Medikamente unverzichtbar, eine alleinige Psychotherapie ist meist aufgrund von Konzentrationsschwierigkeiten und der Energielosigkeit der Patienten gar nicht möglich. Erst wenn Betroffene (durch Medikamente) aus dem Tief ein wenig herauskommen, greifen auch spezifische psychotherapeutische Maßnahmen.
Medikamente haben meist den Vorteil, dass sie schneller wirken, *Psychotherapie* hat oft eher langfristige Vorteile (ihre Wirksamkeit hält auch nach Therapieende an), die **Kombination von Medikamenten und Psychotherapie** hat sich bei mittelschweren und schweren Depressionen als am wirksamsten erwiesen. Bei leichten Depressionen muss individuell vom behandelnden Arzt bestimmt werden, ob man nur Medikamente mit unterstützenden Gesprächen oder Medikamente mit Psychotherapie kombiniert bzw. ob eine spezifische Psychotherapie allein sinnvoll ist. In einzelnen Fällen kann der Arzt entscheiden, noch für einige Tage mit dem Therapiebeginn zuzuwarten, wenn nicht klar ist, ob es sich wirklich um eine Depression handelt.
Weitere unterstützende Therapieverfahren sind Schlafentzug, die Lichttherapie bei saisonalen (Herbst-Winter-)Depressionen und die Elektrokrampftherapie bei sehr schweren oder ansonsten therapieresistenten Depressionen (siehe *Seite 165*).

Zur Rückfallverhütung werden jene Antidepressiva, die in der Akutphase wirksam waren, weiter eingenommen.

Bei mittelschweren bis schweren Depressionen hat sich die Kombination von Medikamenten und Psychotherapie bewährt

Behandlung mit Medikamenten

Bei Depressionen haben sich vor allem die so genannten Antidepressiva in der Praxis als sehr hilfreich erwiesen. Die Wirksamkeit der verschiedenen Substanzen wurde in wissenschaftlichen Studien entweder im Vergleich zu einem anderen antidepressiven Wirkstoff oder zu einer Tablette ohne Wirkstoff (Placebo) getestet.

Man geht heute davon aus, dass bei einer Depression ein Mangel an Botenstoffen im Gehirn – vor allem Serotonin und Noradrenalin – eine Rolle spielt. Antidepressiva können diese Substanzen wieder anreichern (meist entweder durch Hemmung der Wiederaufnahme in die Speicher oder durch Abbauhemmung). Damit lassen sich eine Steigerung der Energie und eine Aufhellung der Stimmung erreichen.

Welches Medikament für wen?

Die Wahl des Antidepressivums richtet sich nach den Hauptwirkungen (Beschwerdeprofil) sowie nach den möglichen Nebenwirkungen bzw. der individuellen Verträglichkeit. Falls auch andere Medikamente eingenommen werden, muss natürlich auf mögliche Wechselwirkungen Rücksicht genommen werden. Hinweise über Vorerfahrungen mit Antidepressiva (gute Verträglichkeit bestimmter Substanzen oder Unverträglichkeiten) können für die Therapieplanung ebenfalls sehr hilfreich sein.

Wie schnell wirken Antidepressiva?

Nach einem ersten Therapieversuch mit Antidepressiva kommt es nach vier bis sechs Wochen bei 50–70% der Patienten zu einer deutlichen Besserung der depressiven Beschwerden. Spricht der Patient trotz ausreichender Dosierung nur ungenügend auf ein verordnetes Antidepressivum an, so kann dieses mit einem zweiten Medikament kombiniert werden. Oft ist auch ein Therapieversuch mit einem anderen Antidepressivum sinnvoll.

Antidepressiva werden erst nach mehrwöchiger kontinuierlicher Einnahme wirksam

Wichtig ist, zu wissen, dass Antidepressiva erst nach mehrwöchiger kontinuierlicher Einnahme wirksam werden (zumindest drei bis vier Wochen sollte bis zu einer Beurteilung abgewartet werden) – also ganz anders als z.B. ein Schlafmittel, das sofort wirkt.

→ Akuttherapie
Wenn Sie auf ein Antidepressivum neu eingestellt worden sind, dauert es mindestens zwei Wochen, bis Sie eine Wirkung bemerken, und drei bis vier Wochen, bis eine deutliche Besserung eintritt.

Medikamente nie alleine absetzen – immer nur in Absprache mit dem Arzt!

Vorsicht beim Absetzen!
Antidepressiva sollten nicht vorzeitig abgesetzt werden. Wenn es einem besser geht, kommt es manchmal zu dem Trugschluss, man brauche das Medikament nicht mehr. Das kann jedoch einen Rückfall zur Folge haben! Nach einem halben Jahr Depressionsfreiheit kann überlegt werden, ob das Medikament schrittweise nach Rücksprache mit dem Arzt abgesetzt werden kann (Dosisreduktion über etwa vier Wochen) oder ob eine Langzeitmedikation notwendig ist.

→ **Erhaltungstherapie**
Auch wenn Sie sich wieder wohlfühlen, sollten Sie das Antidepressivum zumindest vier bis sechs Monate weiter einnehmen, weil das Rückfallrisiko in diesen Monaten ansonsten besonders hoch ist.

→ **Langzeittherapie zur Rückfallverhütung**
Bei einer Langzeittherapie muss das Antidepressivum auch im Falle von Beschwerdefreiheit weiter eingenommen werden. Das ist vor allem dann wichtig, wenn Sie schon einen oder mehrere Rückfälle hatten – damit weitere Rückfälle nach Möglichkeit verhindert werden können.

Nebenwirkungen und Wechselwirkungen

Antidepressiva haben eine Reihe von möglichen Nebenwirkungen, die oft schon vor der Hauptwirkung auftreten oder sich auch erst im Laufe der Behandlung einstellen können. Nebenwirkungen sind zwar störend, aber meist in keiner Weise gefährlich. Warum werden dann im Beipackzettel so viele abschreckende Nebenwirkungen angeführt? – Aus rechtlichen Gründen muss bei Medikamenten jede mögliche Nebenwirkung aufgezeigt werden, auch wenn diese noch so selten auftritt. Wer dadurch von einer Einnahme abgeschreckt wird, sollte sich mit seinem Arzt beraten. Das Gespräch mit dem Arzt kann Klarheit über die Häufigkeit bzw. Wahrscheinlichkeit und Relevanz solcher Nebenwirkungen bringen.

Antidepressiva machen nicht abhängig und führen auch nicht zu Persönlichkeitsveränderungen!
Manche Menschen scheuen sich sowohl in der Akuttherapie als auch in der Langzeittherapie, Antidepressiva zu nehmen, weil sie zwei Dinge befürchten:
1. Sie haben Angst, davon abhängig zu werden.
2. Sie glauben, durch die Einnahme käme es zu Persönlichkeitsveränderungen.

Das ist nicht der Fall!
- → *Im Unterschied zu manchen Beruhigungs- oder Schlafmitteln führen Antidepressiva weder zu einer Gewöhnung, noch ist mit der Zeit eine Steigerung der Dosis notwendig. Antidepressiva können sogar jahrelang ohne Abhängigkeitsrisiko eingenommen werden.*
- → *Antidepressiva verändern eine gesunde Persönlichkeit keineswegs. Allerdings helfen sie, die durch die Depression veränderten psychischen Funktionen zu normalisieren. Bei Gesunden haben Antidepressiva keine Wirkung (Irrglaube einer „Glückspille"), sondern sie beeinflussen nur die im Rahmen einer Depression gestörten Hirnfunktionen.*

Wichtig ist auch, die mögliche Wechselwirkung mit anderen Medikamenten zu beachten (Verstärkung oder Abschwächung der Wirkung von Antidepressiva). Bei der Neueinstellung auf ein Antidepressivum muss man dem Arzt daher unbedingt mitteilen, welche anderen Arzneimittel regelmäßig angewendet werden. Am besten bringen Sie eine komplette Liste aller derzeit eingenommenen Medikamente mit in die Ordination.

Der gleichzeitige Konsum von Alkohol sollte vermieden werden, weil dadurch die Wirkung der Antidepressiva beeinträchtigt werden kann bzw. Nebenwirkungen mitunter verstärkt auftreten.

In den ersten drei Monaten einer Schwangerschaft ist die Einnahme von Antidepressiva eher nicht anzuraten. Diese Warnung gilt allerdings mit Einschränkungen: Für eine Reihe von schon länger in Verwendung stehenden Medikamenten gibt es keine Hinweise, dass diese die Entwicklung des ungeborenen Kindes schädigen. Dies ist vor allem bei schweren Depressionen von Relevanz.

In jedem Fall ist es günstig, vor einer medikamentösen Behandlung einen Facharzt für Psychiatrie beizuziehen.

Antidepressiva im Überblick

Medikamente gegen Depressionen unterscheiden sich durch ihren Wirkmechanismus. Man teilt sie in folgende Gruppen ein:

Selektive Serotonin-Wiederaufnahmehemmer (SSRI)

SSRI bewirken, dass der Botenstoff Serotonin von der Nervenzelle, von der er abgegeben wurde, nicht wieder aufgenommen wird,

somit länger im synaptischen Spalt bleibt und daher weiterhin für die Reizübertragung zur Verfügung steht. Damit wirken SSRI dem Serotoninmangel bei Depressionen entgegen.
Da die SSRI kaum Wirkungen auf andere Botenstoffe zeigen, werden sie oft auch besser vertragen als z.B. die trizyklischen Antidepressiva (TZA). Außerdem sind sie leichter zu dosieren als TZA (keine langsame Aufdosierung notwendig, morgendliche Einmalgabe ausreichend) und bei Überdosierung viel weniger gefährlich.

Mögliche Nebenwirkungen:
SSRI sind meist gut verträglich. Am Beginn der Behandlung können Magen-Darm-Beschwerden (Übelkeit, Durchfälle) auftreten, eventuell Unruhe, selten vermehrte Angst und Schlafstörungen. Auch sexuelle Funktionsstörungen (Orgasmusprobleme bei Frauen, verzögerter Samenerguss bei Männern) kommen vor. Die sexuelle Lust ist mitunter generell vermindert, was aber auch ein Zeichen der Depression sein kann.
SSRI sollten nicht plötzlich abgesetzt werden, weil es dann zu Schwindel, Kopfschmerz und Übelkeit kommen kann. Besser ist ein langsames Ausschleichen.

Selektive Serotonin-Noradrenalin-Wiederaufnahmehemmer (SSNRI)

Hier wird neben der Serotonin-Wiederaufnahme auch die Noradrenalin-Wiederaufnahme gehemmt, sodass beide Übertragersubstanzen angereichert werden.

Mögliche Nebenwirkungen:
Sie haben ähnliche Nebenwirkungen wie die SSRI, abhängig von der Dosis kann auch der Blutdruck ansteigen. Zudem kann es zu Mundtrockenheit, Herzklopfen, Verschwommensehen und Problemen beim Wasserlassen kommen.

Noradrenalin- und Serotonin-spezifische Antidepressiva (NaSSA)

Diese beeinflussen die Botenstoffe Serotonin und Noradrenalin über indirekte Mechanismen.

Mögliche Nebenwirkungen:
Die Einnahme kann mit einer Gewichtszunahme einhergehen.

Noradrenalin-Dopamin-Wiederaufnahme-hemmer (NDRI)

Medikamente aus dieser Gruppe wirken vor allem auf den Noradrenalin- und Dopaminstoffwechsel. Ein Vorteil ist das Fehlen sexueller Nebenwirkungen.

Mögliche Nebenwirkungen:
Mögliche Nachteile sind das Auftreten von Schlafstörungen sowie eine eventuelle Senkung der Krampfschwelle.

Serotonin-Antagonist und -Wiederaufnahmehemmer (SARI)

Antidepressiva dieser Gruppe kommen z.B. bei zusätzlicher Angst und Schlafstörungen zum Einsatz. Auch hier treten eher keine sexuellen Funktionsstörungen auf.

Mögliche Nebenwirkungen:
Müdigkeit (oft erwünscht am Abend), Mundtrockenheit, Kopfschmerzen

Tri- und tetrazyklische Antidepressiva (TZA)

TZA sind die ältesten Antidepressiva, hier gibt es bereits reichlich Erfahrung in der Anwendung. Sie bewirken nicht nur eine Wiederaufnahmehemmung von Serotonin und Noradrenalin, sondern auch eine Blockade von Rezeptoren für andere Übertragersubstanzen im Gehirn. Diese zusätzlichen Wirkungen erklären einen Großteil der Nebenwirkungen von TZA.

Mögliche Nebenwirkungen:
Mundtrockenheit, Verschwommensehen, Verstopfung oder Schwierigkeiten beim Harnlassen (Achtung bei Prostatavergrößerung!), Erhöhung des Augeninnendrucks (Achtung bei grünem Star!) und Verwirrtheitszustände vor allem bei älteren Menschen. Daneben können Herz-Kreislauf-Probleme auftreten (plötzlicher Blutdruckabfall nach dem Aufstehen, Schwindel, Herzrhythmusstörungen – Achtung bei koronarer Herzerkrankung!). Einige TZA machen auch müde, was bei innerer Unruhe oder Schlafstörungen allerdings sehr hilfreich sein kann.

Beispiele für andere Antidepressiva

Selektive Noradrenalin-Wiederaufnahmehemmer: wirken stark aktivierend. *Mögliche Nebenwirkungen* sind innere Unruhe, Zittern oder Schwierigkeiten beim Harnlassen.

MAO-Hemmer: Diese Monoaminoxidase-Hemmer verstärken die Wirkung von Noradrenalin und Serotonin. Sie sind sehr gut verträglich.

Glutamat-Modulatoren (GM): wirken auf den Botenstoff Glutamat. *Mögliche Nebenwirkungen* sind hauptsächlich Übelkeit und Verstopfung.

Pflanzliche Wirkstoffe

Hier ist in erster Linie Johanniskrautextrakt zu nennen, der von Patienten oft im Sinne der Selbstmedikation eingenommen wird. Es muss aber vor allem auf die Wechselwirkungen mit einigen Arzneimitteln geachtet werden.
Wichtige Wechselwirkungen gibt es mit der Antibabypille (kann unwirksam werden) sowie mit Medikamenten zur Blutverdünnung und zur Epilepsiebehandlung, die in ihrer Wirkung vermindert werden können.

Johanniskraut wird von Patienten oft bei leichter bis mittelschwerer Depression als Selbstmedikation eingenommen. Allerdings müssen auch die Wechselwirkungen mit anderen Medikamenten beachtet werden

Wie finde ich den richtigen Psychotherapeuten?

Die Ausübung der Psychotherapie ist in Österreich gesetzlich geregelt. Es gibt einerseits die Psychotherapie durch Psychotherapeuten (die verschiedenste Ursprungsberufe haben können; Auflistung unter *www.bmg.gv.at*). Als gleichwertig gilt die psychotherapeutische Medizin (eine Diplomausbildung der Ärztekammer) durch Ärzte (Fachärzte für Psychiatrie und Psychotherapeutische Medizin, aber auch andere Ärzte; Liste auf der Homepage der jeweiligen Landesärztekammer).

Die Entscheidung, welcher Therapeut und welche Therapierichtung für Sie und Ihre Probleme geeignet sind, fällt sicher nicht leicht. Darüber hinaus spielen bei der Wahl auch die örtliche Erreichbarkeit und die Finanzierbarkeit der Therapie eine wichtige Rolle. Ihr Hausarzt bzw. Facharzt kann Sie dabei beraten. Informationen und Adressen gibt es außerdem im Internet unter *www.psyonline.at* oder *www.psychotherapie.at*. Wenn Sie nicht sicher sind, ob ein Therapeut für Sie persönlich der richtige ist, sollten Sie am besten mehrere Erstgespräche vereinbaren.

Worauf Sie beim Erstgespräch achten sollten:
1. *Haben Sie den Eindruck, dass der Psychotherapeut sich in Sie und Ihre Probleme einfühlen kann, und erleben Sie eine Wertschätzung Ihrer Person? (Empathie)*
2. *Vermittelt Ihnen der Psychotherapeut einen ersten Eindruck, ob und wie er Ihnen helfen kann? (Kompetenz)*
3. *Können organisatorische Dinge geklärt werden? (wie z.B. Einzel- oder Gruppentherapie, Art der Therapierichtung, Häufigkeit der Stunden, Bezahlung und eventuelle Teil- oder Vollrefundierung durch Krankenkassen etc.)*
4. *Wenn Sie nach der ersten Stunde noch nicht sicher sind, sollten Sie sich ruhig noch etwas Bedenkzeit geben, eventuell eine Nacht darüber schlafen, mit Freunden reden oder auch noch ein weiteres Erstgespräch mit einem anderen Therapeuten ausmachen.*

Behandlung durch Psychotherapie

In Österreich gibt es 22 anerkannte Psychotherapieformen, für die die Krankenkassen (teilweise) die Kosten übernehmen. Im Folgenden werden nur einige ausgewählte Formen der Psychotherapie dargestellt, die sich in der Behandlung der Depression als besonders wirksam erwiesen haben.

Die kognitive Verhaltenstherapie (KVT)

Die kognitive Verhaltenstherapie in der Depressionsbehandlung basiert auf folgenden Elementen:

Aufbau positiver Aktivitäten
Tätigkeiten, die individuell als angenehm wahrgenommen werden und sich auch positiv auf die Stimmung auswirken, werden abgegrenzt von Tätigkeiten, die man machen „muss". Ziel ist eine ausgewogene Beschäftigung mit beiden. In der Therapie wird etwa eine Liste als angenehm erlebter Aktivitäten erarbeitet und ein Wochenplan dazu erstellt. Depressionsfördernde Tätigkeiten werden identifiziert und in ihrer Wirkung (kurzfristig – langfristig) analysiert.

Auch „Achtsamkeit" wird geübt – damit ist gemeint, auf eine bestimmte Art aufmerksam zu sein: bewusst, im gegenwärtigen Moment und ohne zu bewerten.
Im Umgang mit künftigen Stimmungstiefs könnten folgende Richtlinien hilfreich sein:
- → Gelassenheit, Dinge hinzunehmen, die wir nicht ändern können
- → Mut, Dinge zu ändern, auf die wir Einfluss haben
- → Fähigkeit, das eine vom anderen unterscheiden zu können

Veränderung von kognitiven Prozessen

Unter kognitiven Prozessen versteht man Wahrnehmungen, Erwartungen, Anspruchshaltungen, Interpretationen und Bewertungen. Diese sind bei depressiven Patienten oftmals verzerrt, überinterpretierend, unpassend, irrational oder katastrophisierend (= Fachausdruck für „Schwarzsehen"). Das kann zu folgenden Phänomenen führen:

- → **Kognitive Triade:** Darunter versteht man die Dreierkombination aus negativem Selbstbild, der Neigung, Erfahrungen stets negativ zu interpretieren, und pessimistischen Zukunftserwartungen.
- → **Automatische Gedanken** und reflexhafte, situationsgebundene Bewertungen, wie z.B. „Das schaffe ich nie" oder „Ich kann es keinem recht machen"
- → **Kognitive Grundannahmen:** Damit sind typische grundlegende Überzeugungen, persönliche Regeln und Werthaltungen gemeint, wie z.B. „Ich bin ein Versager", „Ich muss perfekt sein", „Mich sollen alle mögen".

Ziel ist es, im Zuge der Therapie unpassende, fehlerhafte und unlogische gedankliche Interpretationen zu erkennen und diese schrittweise zu korrigieren. Dies wird vom Patienten durch Selbstbeobachtung, Tagesprotokolle negativer Gedanken etc. erreicht. Die Bearbeitung erfolgt durch Hinterfragen, Überprüfung und Realitätstest sowie durch das Finden von vernünftigen Alternativen.

Verbesserung sozialer Fertigkeiten

- → Patienten sollen sowohl die eigenen Wünsche und Ansprüche in der sozialen Umwelt in effektiver Weise durchsetzen können als auch die Wünsche anderer wahrnehmen und anerkennen sowie beides in Einklang bringen.
- → Da depressive Patienten ihre Umwelt häufig sehr negativ betrachten, entstehen Schwierigkeiten im sozialen Kontakt mit anderen. Im Rahmen der Therapie üben Betrof-

fene daher das Äußern positiver Gefühle anderen gegenüber, z.B. Komplimente zu machen, Freude auszudrücken oder sich zu entschuldigen. Damit werden die Anerkennung und die Achtung der sozialen Umwelt schrittweise wieder erhöht.
→ „Neu lernen" der Fähigkeit, soziale Kontakte zu knüpfen und aufrechtzuerhalten. Dazu gehört auch, zuzuhören und auf das Gegenüber einzugehen sowie Themen von eigenem Interesse einzubringen.
→ Problemlösen als Fähigkeit zu trainieren, um mit Krisensituationen umzugehen

Prophylaxe (Rückfallverhütung)
Die wichtigsten psychotherapeutischen Maßnahmen in diesem Zusammenhang:
→ Frühzeitiges Erkennen erster Warnsignale von Depression
→ Aufrechterhaltung bzw. Erhöhung positiver Aktivitäten
→ Selbstbeobachtung und Anwendung des Tagesprotokolls, wenn negative Gedanken erneut auftreten, sowie ähnliche Hilfen, um die neu gewonnene Einstellung zu erhalten
→ Rechtzeitiges Erkennen depressionsauslösender Ereignisse
→ Planung der Zukunft

Tiefenpsychologische Therapieformen

Tiefenpsychologische Modelle gehen von der Grundannahme aus, dass menschliches Erleben von tiefen Kräften geformt wird. Diesen Modellen zufolge werden Krankheitsentstehung, -bewältigung und -verhalten von unbewussten Faktoren bestimmt.

Begründer der so genannten „Psychoanalyse" ist der Arzt Sigmund Freud. Aus seiner Lehre entwickelten sich in weiterer Folge die Analytische Psychologie (nach Carl Gustav Jung), die Individualpsychologie (nach Alfred Adler) sowie die psychoanalytisch orientierten Therapien und Kurzzeittherapien.

Für die Langzeitbehandlung kommen zwei Modelle zur Anwendung:
→ **Psychoanalyse:** 4 Therapiesitzungen pro Woche mit nicht von vornherein begrenzter Zeitdauer (in der Regel mehrere Jahre)
→ **Psychoanalytische Psychotherapie:** 2 Sitzungen pro Woche mit nicht von vornherein begrenzter Zeitdauer (in der Regel über mehrere Jahre)

Daneben gibt es auch:
→ **Stützende psychoanalytische Psychotherapie:** eine oder mehrere Sitzungen pro Woche (unterschiedliche Dauer)
→ **Psychoanalytische Kurz- oder Fokaltherapie:** Stundenfrequenz und Behandlungsdauer werden individuell je nach Behandlungsschwerpunkt vereinbart.

Ein Beispiel für solch eine psychoanalytische Fokaltherapie, die speziell zur Behandlung von Depressionen entwickelt wurde, ist die interpersonelle Psychotherapie (kurz: IPT), die im Folgenden ausführlicher dargestellt wird.

Die interpersonelle Therapie (IPT)

Die IPT stellt zwischenmenschliche Beziehungen in den Mittelpunkt. Die Grundannahme ist einerseits, dass Probleme in diesen Beziehungen an der Entstehung und Aufrechterhaltung psychischer Krankheiten beteiligt sind, und andererseits, dass die Lösung eines aktuellen zwischenmenschlichen Problems zu einer Verbesserung der Symptomatik führen kann.

Diese Probleme können in vier Bereiche unterteilt werden, die im Zuge der Therapie behandelt werden:
→ Unfähigkeit, bei einem Verlust verschiedene Trauerphasen zu durchleben
→ Konflikte mit Partnern, Angehörigen, Freunden, Kollegen usw., die eine entscheidende Bedeutung für die Entstehung oder Aufrechterhaltung der Störung haben
→ Schwierigkeiten beim Verlassen einer alten Rolle bzw. beim Übergang in eine neue Rolle, wie z.B. bei der Geburt eines Kindes oder im Zuge einer Scheidung
→ Probleme hinsichtlich sozialer Verarmung, Einsamkeit und Isolation

Ablauf einer interpersonellen Psychotherapie

→ **Initiale Phase**
Dieser erste Teil der Therapie besteht aus ein bis drei Sitzungen. Die Hauptziele liegen in der Erhebung der Vorgeschichte und der gegenwärtigen Symptomatik. Der Patient erhält Informationen über die Erkrankung Depression und deren Behandlungsmöglichkeiten. Anschließend wird versucht, den Patienten von Schuldgefühlen und sozialer Verpflichtung zu entlasten, indem man ihm klarmacht, dass er krank ist.
Einen zentralen Stellenwert nimmt in dieser Phase die Analyse des Beziehungssystems ein. Auf Basis dieser Analyse werden das Hauptproblemfeld, die Zielsetzung und das Konzept für die Behandlung besprochen.

→ **Mittlere Behandlungsphase**
In den nächsten zehn Sitzungen liegt der Fokus auf dem aktuellen Problembereich. Die Krankenrolle wird in diesem Stadium deutlich zurückgenommen und der Patient hat die Aufgabe, sich selbst aktiv einzubringen.

→ Wenn der Bereich Trauer im Mittelpunkt steht, wird eine genaue Analyse des gestörten Trauerprozesses durchgeführt und die Störungen werden anschließend bearbeitet.

→ Wenn zwischenmenschliche Schwierigkeiten im Vordergrund stehen, wird versucht, zu klären, welche unterschiedlichen Wünsche und Erwartungen zum Konflikt beigetragen haben und in welchem Konfliktstadium sich die Beziehung befindet.

→ Entwicklung eines Handlungsplans, der Erwartungen an die Beziehung und die gestörte Kommunikation verändert

→ Bei unbewältigtem Rollenwechsel geht es darum, den Verlust der alten Rolle anzunehmen und zu betrauern. Das Ziel ist, danach eine positivere Einstellung zur neuen Rolle zu erreichen.

→ Bei fehlenden sozialen Kontakten und daraus folgender Einsamkeit und Isolation werden zu Beginn die Ursachen des Problems erläutert. Erst danach wird ein Handlungsplan erstellt, der den Aufbau neuer Beziehungen, das Überwinden von Beziehungsängsten und das Zulassen von Nähe beinhalten kann.

Das primäre Ziel ist, über alle Problembereiche hinweg soziale Unterstützung für den Patienten zugänglich zu machen und die zwischenmenschlichen Fähigkeiten zu verbessern.

→ **Abschlussphase**
In den letzten zwei bis drei Sitzungen wird das Ende der Therapie bearbeitet. Dies beinhaltet einerseits ein rechtzeitiges Hinweisen des Therapeuten auf das bevorstehende Therapieende, andererseits einen Rückblick auf die erzielten Fortschritte. Falls nötig, können auch weitere Maßnahmen bzw. die Rückfallprophylaxe besprochen werden.

Klientenzentrierte Psychotherapie (früher auch Gesprächspsychotherapie)

Ein zentrales Element dieser Therapie bildet das Bedürfnis nach positiver Wertschätzung. Nur diejenigen, die bereits in ihrer Kindheit von den Bezugspersonen bedingungslose positive Wertschätzung erfahren haben, können sich im Erwachsenenalter mit höherer Wahrscheinlichkeit selbst ebenso bedingungslos akzeptieren. Das heißt, selbst wenn man erkannt hat, als Mensch nicht vollkommen zu sein, kann dennoch der eigene Wert als Person anerkannt werden.

Menschen, die diese Wertschätzung in der Kindheit nicht erfahren haben, fühlen sich hingegen auch als Erwachsene wertlos. Im Zuge der Therapie wird dementsprechend ein Klima der Unterstützung gefördert, in welchem man sich akzeptiert fühlt. Es werden die positiven Aspekte der menschlichen Natur hervorgehoben und nicht die Mängel. Gefühlsaspekte werden dabei stärker betont als die intellektuellen. Besonderes Augenmerk liegt auf dem „Hier und Jetzt" der Probleme.

Im Zentrum steht auch die Beziehung zwischen Patient und Therapeut. Beim Verhalten des Therapeuten sind nicht „Techniken" von Bedeutung, sondern eher menschliche Qualitäten wie emotionale Wärme, positive Wertschätzung, empathisches Verstehen und das Bemühen, dies dem Klienten auch mitzuteilen.

Klinisch-psychologische Beratung

Die klinisch-psychologische Beratung durch den Psychologen dient der Vermittlung von krankheitsspezifischem Wissen und Informationen über Krankheit und Behandlung sowie dem Aufbau von Motivation und Zuversicht. Sowohl Betroffene selbst wie auch deren Angehörige können von diesem Angebot Gebrauch machen. Denn häufig haben depressive Erkrankungen auch Auswirkungen auf die Beziehung zum Partner und zur Familie.

Klinisch-psychologische Behandlung

Die klinisch-psychologische Behandlung, die ebenfalls von Psychologen durchgeführt wird, steht für ein übergreifendes Konzept an Technologien, das sich auf das Konzept der wissenschaftlichen Psychologie stützt.

In der Behandlung von Depressionen wird dabei vor allem auf folgende Aspekte Wert gelegt:
→ Wiedererlangung bzw. Steigerung von Lebensqualität
→ Verbesserung der sozialen Kompetenz
→ Vermittlung von Problemlösungs- und Konfliktbewältigungsstrategien
→ Erlernen von Entspannungstechniken
→ Vermittlung von Angstbewältigungsstrategien
→ Steigerung von Selbstvertrauen und Selbstsicherheit
→ Förderung bereits bestehender Ressourcen
→ Entwickeln eines „Frühwarnsystems" (Warnsignale wahrnehmen und angemessener Umgang damit)

Andere Behandlungsmöglichkeiten

Elektrokrampftherapie (EKT)

Bei der EKT wird durch eine kurze elektrische Reizung des Gehirns ein Krampfanfall ausgelöst. Der Vorgang erfolgt in Narkose und wird in Zusammenarbeit von einem Psychiater und einem Anästhesisten durchgeführt. Durch muskelerschlaffende Medikamente werden Muskelkrämpfe vermieden. Die EKT ist entgegen manchen Vorurteilen ein sehr sicheres und wirksames Verfahren bei sehr schweren Depressionen und wird üblicherweise im Spital durchgeführt, wobei insgesamt etwa sechs bis zwölf Behandlungen (meist zwei- bis dreimal wöchentlich) erfolgen.

Mögliche Risiken: das grundsätzliche Narkoserisiko
Mögliche Nebenwirkungen: Es können vorübergehend Gedächtnisstörungen auftreten.

Die öffentliche Meinung zur EKT ist durch den Film „Einer flog über das Kuckucksnest", in dem die EKT als Bestrafungsmaßnahme dargestellt wird, negativ besetzt. Bei sehr schweren Depressionen, die manchmal auch durch die völlige Energielosigkeit zu einer körperlichen Gefährdung führen (Patienten essen und trinken nicht mehr, vernachlässigen sich selbst völlig) oder bei denen unmittelbare Suizidgefahr besteht, kann eine EKT jedoch sehr rasch zu einer deutlichen Besserung führen.

Lichttherapie

Die saisonal abhängige Depression („Herbst-Winter-Depression") ist durch depressive Symptome gekennzeichnet, die nur im Herbst und Winter auftreten und im Frühjahr wieder abklingen. Im Vordergrund der Beschwerden stehen neben der Energielosigkeit oft der Hunger nach Süßigkeiten, Gewichtszunahme und ein vermehrtes Schlafbedürfnis.
Für diese Erkrankungsform hat sich die Behandlung mit hellem Licht (wobei die UV-Strahlen herausgefiltert werden) in einer Intensität von 10.000 Lux als wirksam erwiesen. Die Patienten sollen täglich ca. 30 Minuten vor einer Lichttherapielampe sitzen und jede Minute für ein paar Sekunden in das Licht schauen. Eine Besserung ist innerhalb von zwei bis drei Wochen zu erwarten, die Behandlung sollte aber meist den ganzen Herbst bzw. Winter hindurch fortgeführt werden.

Mögliche Nebenwirkungen: Mit ernsthaften Nebenwirkungen ist nicht zu rechnen. Gelegentlich kommt es zu Augenbrennen, Kopfschmerzen, Übelkeit oder Unruhe.

Entgegen vielen Vorurteilen und Ängsten kann die Elektrokrampftherapie bei besonders schweren Depressionen sehr hilfreich sein

Schlafentzugsbehandlung

Die Wirksamkeit von Schlafentzug erscheint vielen depressiven Menschen, die unter Schlafstörungen leiden, oft paradox. Tatsächlich zeigt sich jedoch, dass etwa zwei Drittel der Patienten auf diese Therapieform ansprechen und am Morgen nach einer schlaflosen Nacht oft beschwerdefrei sind. Dieser Effekt verschwindet allerdings meist nach dem nächsten Schlaf.
Die Durchführung erfolgt entweder als totaler Schlafentzug (über die ganze Nacht) oder als partieller Schlafentzug (in der zweiten Nachthälfte, Patient wird gegen 1 Uhr früh geweckt und darf dann nicht mehr schlafen).
Diese Methode kann als Unterstützung einer Behandlung mit Antidepressiva eingesetzt werden, wenn diese keinen ausreichenden Erfolg gebracht hat bzw. wenn eine schnelle, kurzfristige Besserung angestrebt wird.

Soziotherapie und soziale Interventionen

Soziotherapie ist eine Form der Behandlung, die sich vor allem mit der Umgebung des psychisch Kranken beschäftigt. Denn unsere Umgebung (Personen, Räume oder zeitliche Abläufe) beeinflusst unser Wohlbefinden und unsere Gefühlslage. Da dies auch bei Menschen mit Depressionen der Fall ist, kann man diesen Umstand therapeutisch nutzen. Soziotherapie hat also die zeitliche, räumliche und persönliche Gestaltung der Umgebung (auch als „Kontext" bezeichnet) eines Kranken zum Ziel – sowohl in Institutionen wie Krankenhäusern oder Tageskliniken als auch in Bezug auf das tägliche Umfeld des Patienten.

Unter anderem versucht die Soziotherapie eine Atmosphäre zu schaffen, die sich auf die Heilungsvorgänge förderlich auswirkt und damit eine wesentliche Rahmenbedingung für andere therapeutische Maßnahmen (z.B. Psychotherapie, medikamentöse Therapie) schafft.

Andere Beispiele für Soziotherapie sind Tagesstrukturierung, Aktivierung des Patienten, Kontaktstiftung und die Einbeziehung und Aufklärung von Angehörigen. Die zwischenmenschliche Unterstützung und Förderung geht in manchen Bereichen fließend in spezifische psychotherapeutische Programme über. Häufig werden soziotherapeutische Interventionen unter anderem auch gemeinsam mit Ergotherapie und Physiotherapie eingesetzt. Die Wirksamkeit wurde in zahlreichen wissenschaftlichen Studien abgesichert.

Eine Behandlung mittels soziotherapeutischer Methoden kommt bei schweren und chronisch verlaufenden Depressionen zum Einsatz, während bei leichteren und mittelgradigen Depressionen derartige Therapien nur selten notwendig sind. Soziotherapeutische Interventionen können aber weder die psychotherapeutische noch die medikamentöse Behandlung ersetzen, sondern sind nur in Ergänzung sinnvoll.

Die Soziotherapie kommt z.B. in Form einer „Arbeitsassistenz" auch in der beruflichen Rehabilitation zum Einsatz (siehe *Seite 178*).

Ergotherapie

Die Ergotherapie ist eine Therapieform, die mittels handwerklicher Tätigkeiten den Zustand des Kranken zu beeinflussen versucht. Bei Depressionen geht es vor allem darum, durch gezielte Aktivitäten den Antrieb, die Ausdauer, die Motivation und die Konzentration zu steigern. Ergotherapie kann außerdem zur Tagesstrukturierung eingesetzt werden und auf diese Weise den verminderten Antrieb stufenweise verbessern. So gelingt es oft auch, eine Steigerung der Belastbarkeit zu erreichen. Die Kranken können im Rahmen dieser Therapie erleben, dass es ihnen gelingt, Aufgaben sinnvoll und erfolgreich zu bewältigen. Dies stärkt das Selbstvertrauen und gibt Hoffnung für die Bewältigung der krankheitsbedingten Einschränkungen.

Durch Simulation arbeitsähnlicher Abläufe kann man den Kranken vor Augen führen, wie gut ihre Leistungsfähigkeit ist. Sie können aber auch erkennen, wo ihre derzeitigen Grenzen liegen und wann sie Pausen brauchen, um eine Überforderung zu vermeiden. Insofern hilft Ergotherapie bei einer besseren Selbsteinschätzung. Durch die Zusammenarbeit mit anderen werden zusätzlich kommunikative Fertigkeiten geübt. Für manche Patienten ist es auch hilfreich, die eigene Kreativität wieder neu zu entdecken.

Ergotherapie wird als Einzel- und als Gruppentherapie angeboten und gehört zu den Standardverfahren in psychiatrischen Krankenhausabteilungen. Zu dieser Behandlung gehört z.B. das Arbeiten mit Ton, Holz, Farben, Stoff etc.

Physiotherapie

Ganz allgemein befasst sich die Physiotherapie mit dem Erhalt und der Wiederherstellung der Bewegungsfähigkeit bzw. der Vermeidung von Funktionsstörungen des Bewegungsapparates. Bei Menschen, die unter einer Depression leiden, kommen aber wesentliche andere Aspekte dazu.

Die Energie- und Antriebslosigkeit, die üblicherweise mit Depressionen einhergeht, kann durch gezielte körperliche Aktivierung schrittweise gebessert werden. Es ist allerdings wichtig, die Kranken nicht zu überfordern, sondern die körperlichen Anforderungen unter professioneller Anleitung schrittweise zu steigern. Da manche Kranke sich wegen ihrer Depression längere Zeit wenig bewegt haben, ist oft auch die körperliche Fitness vermindert – auch das muss berücksichtigt werden.

Treten im Rahmen einer Depression körperliche Beschwerden wie Druckgefühl im Magen, Kopfschmerzen, Beengtheit im Hals, Druckgefühl in der Brust, Herzrasen oder Atemnot auf, können Übungen zur Körperwahrnehmung hilfreich sein. Muskelverspannungen als Begleiterscheinung einer Depression lassen sich durch physiotherapeutische Übungen lösen. Leidet ein Patient unter innerer Unruhe, sind gezielte Entspannungsübungen hilfreich.

Selbsthilfemaßnahmen

Wie bei allen Erkrankungen ist auch in der Behandlung der Depression die Mitarbeit des Patienten sehr hilfreich. Selbsthilfemaßnahmen können die medikamentöse und/oder psychotherapeutische Behandlung unterstützen.

Sport und Bewegung

Wie bei Gesunden fördert Sport auch bei psychisch Kranken Ausdauer, Beweglichkeit, Koordination, Konzentration, Körperwahrnehmung und insbesondere bei Gruppenangeboten Selbstbewusstsein und soziale Kompetenzen. Sport lenkt von negativen Empfindungen und Wahrnehmungen ab und hilft, Aggressionen abzubauen. Ebenso können Energie- und Antriebslosigkeit durch körperliche Aktivierung gebessert werden (siehe „Physiotherapie", *Seite 170*), wobei jedoch vermieden werden muss, den Kranken zu überfordern. Aus diesem Grund kann unter Umständen eine professionelle Begleitung durch einen Physiotherapeuten sinnvoll sein.

Regelmäßiger, maßvoller Ausdauersport, wie z.B. Lauftraining, kann bei leichten bis mittelschweren Depressionen eine positive Wirkung zeigen. Sport allein kann zwar keine Depression heilen oder der Krankheit vorbeugen, stellt aber auf jeden Fall eine sinnvolle Ergänzung anderer Behandlungsmethoden dar. Auch wirkt sich Sport bei vielen Begleiterkrankungen der Depression (Diabetes, Herz-Kreislauf-Probleme) günstig aus und kann Risikofaktoren reduzieren.

Die Einnahme von Medikamenten stellt keinen Hinderungsgrund für moderates Ausdauertraining dar. Im Einzelfall ist lediglich zu beachten, dass Psychopharmaka Schnelligkeit und Koordinationsvermögen beeinflussen können.

So ernähren Sie sich richtig:
1,5–2 Liter Flüssigkeit, viel Gemüse und Obst, reichlich Vollkornprodukte, fettarme Milchprodukte, wenig Fleisch, mehr Fisch, wenig Süßes und Fettes

Die österreichische Ernährungspyramide: © Bundesministerium für Gesundheit

Ernährung

Die Ernährung ist ein wichtiges Element, allerdings kann sie einer Depression nicht vorbeugen und diese auch nicht heilen. Es wird beispielsweise immer wieder berichtet, dass Schokolade gegen Depressionen helfen soll. Als Grund dafür wird angeführt, dass die Kakaobohne viel Tryptophan enthält, welches die körpereigene Produktion von Serotonin ankurbeln würde. Serotonin ist einer jener Botenstoffe im Gehirn, der bei einer Depression aus dem Gleichgewicht gerät. Um durch Schokolade eine stimmungsaufhellende Wirkung zu erzielen, müsste man allerdings täglich mehrere Kilo davon essen ...

Ähnlich verhält es sich bei vielen anderen Vorschlägen, eine Depression durch entsprechende Ernährung zu vermeiden: Sie funktionieren in der Realität nicht.

Obwohl es nicht möglich ist, diese Krankheit durch bestimmte Nährstoffe zu beeinflussen, ist es für Menschen mit Depressionen trotzdem wichtig, sich gesund zu ernähren. Denn Depressionen gehen häufig mit Ernährungsstörungen einher: So haben viele Menschen mit Depressionen einen verminderten Appetit (siehe auch „Symptome", *Seite 36*), was oft zu einer unfreiwilligen Gewichtsabnahme führt. Mit dem Abklingen der Symptome normalisieren sich auch Appetit und Körpergewicht wieder. Hier sind keine besonderen Ernährungsmaßnahmen nötig, außer auf eine ausgeglichene Ernährung zu achten, um einem Nährstoffmangel vorzubeugen.

Vereinzelt gibt es Patienten, deren Appetit während einer Depressionsepisode gesteigert ist und die daher an Gewicht zunehmen. Auch manche Medikamente können als Nebenwirkung eine Gewichtszunahme hervorrufen. Deshalb ist es wichtig, solche Gewichtsveränderungen mit dem Arzt zu besprechen. Er kann nötigenfalls andere Medikamente verordnen, um diese Nebenwirkung hintanzuhalten.

Da Menschen mit Depressionen häufig zusätzlich unter körperlichen Krankheiten wie Diabetes oder Herzerkrankungen leiden und Übergewicht das Risiko für solche Krankheiten deutlich erhöht, ist eine Gewichtszunahme zu vermeiden. Hier gelten im Normalfall die üblichen allgemeinen Ernährungsvorschläge, die im Folgenden nur kurz erwähnt werden:

- → Essen Sie fett-, zucker- und salzreiche Lebensmittel möglichst selten.
- → Essen Sie täglich 5 Portionen Gemüse und Obst, idealerweise mehr Gemüse als Obst.
- → Essen Sie täglich Getreide, Brot, Nudeln, Reis oder Erdäpfel.
- → Essen Sie täglich 3 Portionen (fettarme) Milch bzw. Milchprodukte.
- → Essen Sie pro Woche maximal 3 Portionen Fleisch oder Wurst (möglichst fettarm).
- → Essen Sie pro Woche 1–2 Portionen Fisch.
- → Trinken Sie täglich 1,5–2 Liter Flüssigkeit, bevorzugt energiearme Getränke in Form von Wasser oder Mineralwasser.

Mehr Informationen über richtige Ernährung finden Sie unter: *https://www.gesundheit.gv.at/Portal.Node/ghp/public/content/services-broschueren-ernaehrung.html*

Krankheitsbewältigung und Selbsthilfe

Genießen, Wohlfühlen, Kontakte, Entspannung – all das ist für seelisch gesunde Menschen eine Selbstverständlichkeit. Für Depressionspatienten sind dies Selbsthilfestrategien zur Stärkung der eigenen Ressourcen, die aber meist erst neu erlernt werden müssen.

Lernen Sie genießen!
Ein Hauptproblem vieler Menschen, die an Depressionen leiden, besteht darin, dass sie nichts mehr genießen können. Selbst Dinge, die ihnen früher großes Vergnügen und Freude bereitet haben, werden nicht mehr so erlebt. Hier kann zum Beispiel ein Genusstraining hilfreich sein, bei dem es darum geht, alle Sinne (Riechen, Schmecken, Sehen, Hören, Tasten) zu aktivieren. Die Wahrnehmung wird sensibilisiert, die Entspannung im Alltag gefördert und positive Energie freigesetzt.

Genussregeln:
→ Genuss braucht Zeit.
→ Genuss muss erlaubt sein.
→ Genuss geht nicht „nebenbei".
→ Wissen, was einem gut tut – jedem das Seine.
→ Weniger ist mehr.
→ Ohne Erfahrung, was einem gut tut, kein Genuss.
→ Genuss ist alltäglich.
→ Askese (Enthaltsamkeit) kann den Genuss erhöhen.

Dabei geht es auch darum, „Wohlfühlmomente" zu identifizieren und in den Alltag bewusst einzubauen. Dies können ganz unterschiedliche Dinge sein, die die Sinne positiv anregen.

„Wohlfühlmomente" schaffen und bewusst erleben:
→ im Frühling zum ersten Mal einen Kaffee im Freien trinken
→ sich die Sonne ins Gesicht scheinen lassen
→ den Geruch von frisch gemähtem Gras einatmen
→ auf dem Lieblingsplatz ein Buch lesen
→ selbst gepflückte Erdbeeren essen
→ durch Herbstlaub spazieren
→ der erste Schluck Wasser nach längerem Durstgefühl
→ das Gefühl frisch gewaschener Haare genießen
→ einem Menschen eine Freude bereiten
→ Katzen oder Hunde beim Spielen beobachten

Knüpfen Sie Kontakte!

Beziehungen zu anderen Menschen, regelmäßige soziale Kontakte sind sowohl für die seelische als auch für die körperliche Gesundheit von großer Bedeutung. Während einer depressiven Episode fällt dies den meisten Betroffenen jedoch besonders schwer. Folgende Tipps können zur Erhaltung sozialer Beziehungen hilfreich sein:

→ Teilen Sie sich Freunden und Verwandten mit. Sprechen Sie darüber, wie es Ihnen geht, und bitten Sie gegebenenfalls um Hilfe.
→ Versuchen Sie ganz bewusst, soziale Aktivitäten aufrechtzuerhalten, auch wenn Sie sich zunächst nicht danach fühlen. Verabreden Sie sich zum Kaffeetrinken, begleiten Sie einen Freund ins Kino, Konzert oder Theater, auch wenn Sie keine Lust dazu haben.
→ Versuchen Sie gezielt, in einem Kurs, einem Verein o.Ä. neue Leute kennen zu lernen.
→ Besuchen Sie eine Selbsthilfegruppe und lernen Sie von anderen Betroffenen, wie diese mit ihrer Situation umgehen und welche Strategien sie entwickeln, um sich selbst zu helfen.

Faulenzen als Strategie

Faulheit ist grundsätzlich in unserer Leistungsgesellschaft äußerst negativ belegt. Aber wir alle brauchen zwischendurch Phasen, in denen wir uns erlauben, faul zu sein. Überdenken Sie daher Ihre Einstellung zu Faulheit mit folgenden Fragen und Maßnahmen:

Wofür ist Faulsein gut?
Luft holen, Kraft schöpfen, regenerieren, gesund bleiben, ...

Was bereitet Ihnen beim Faulenzen besonders viel Freude?
Vogelstimmen lauschen, tagträumen, ein Bild malen, singen, ...

Wie nehme ich mir „Faul-"Zeit?
Legen Sie diese pro Tag und Woche als fixen Termin fest und halten Sie sich daran. Machen Sie nur in besonderen Fällen eine Ausnahme!

Wie bereite ich den Müßiggang vor?
Für viele erfordert Faulenzen viel Übung, deshalb vollziehen Sie es wie ein Ritual! Legen Sie schon vorab fest, auf welche Weise und wo Sie faul sein wollen, und räumen Sie alle Hindernisse aus dem Weg.

Genehmigen Sie sich auch Müßiggang!

Achten Sie auf sich selbst!
→ Tun Sie sich jeden Tag ganz bewusst etwas Gutes! Planen Sie einen Kinobesuch, üben Sie Ihren Lieblingssport aus, legen Sie Ihre Lieblingsmusik auf, nehmen Sie sich Zeit für ein entspannendes Bad etc.
→ Gehen Sie jeden Tag ins Freie und tanken Sie Sonne und Frischluft. Auch die reine Luft bei Regen kann gut tun!
→ Achten Sie auf regelmäßiges und gesundes Essen.
→ Versuchen Sie, in der Nacht sechs bis acht Stunden zu schlafen.
→ Halten Sie Ihren Stress in Grenzen.
→ Vermeiden Sie Überforderung.
→ Üben Sie, sich zu entspannen! Dafür stehen verschiedene Techniken, wie das autogene Training oder die Muskelentspannung nach Jacobson, zur Verfügung.

Lassen Sie Hilfe zu!
Erkennen Sie, wenn Sie mehr Hilfe benötigen, und gestehen Sie sich dies auch ein.

Wenn Sie alleine nicht mehr weiterwissen, wenden Sie sich so rasch wie möglich an einen Arzt oder Psychotherapeuten!

Rehabilitation

In manchen Fällen verlaufen Depressionen leider trotz ausreichender ärztlicher und psychotherapeutischer Behandlung nicht so günstig: Es häufen sich kürzere oder längere Krankenstände und mitunter ist auch eine vorzeitige Pensionierung aus Krankheitsgründen im Gespräch.

Die Zuerkennung von Frühinvalidität wegen psychischer Erkrankung hat in den letzten Jahren massiv zugenommen: 2011 waren psychische Erkrankungen bereits die häufigste Ursache für eine Invaliditätspension. Auch haben die Krankenstandstage aufgrund von psychischen Erkrankungen zugenommen, obwohl fast alle anderen Krankheiten als Ursache für Krankenstandstage zurückgegangen sind. Als ein Faktor dafür werden vermehrte berufliche und psychosoziale Belastungen diskutiert.

Welche Hilfe gibt es bei häufigen und/oder längeren Krankenständen?

Wenn es wegen Ihrer Depressionen vermehrt zu Krankenständen kommen sollte, steht Ihnen ein Informations- und Beratungsangebot für Personen und Betriebe zur Verfügung, welches aufgrund des Arbeits- und Gesundheitsgesetzes vom 1. 1. 2011 ins Leben gerufen wurde: *fit2work* *(www.fit2work.at)* ist ein gemeinsames Projekt des Bundesministeriums für Arbeit, Soziales und Konsumentenschutz, Arbeitsmarktservice, Arbeitsinspektorat, Bundessozialamt, Pensionsversicherungsanstalt (PVA), Allgemeine Unfallversicherungsanstalt (AUVA) und den Kran-

Welche Hilfe ist möglich? | **KAPITEL 5**

fit2work berät und unterstützt

kenversicherungsträgern, welches österreichweit stufenweise seit Herbst 2011 umgesetzt wird.
fit2work organisiert die Angebote verschiedener Partnerinstitutionen zu individuellen Lösungen, die auf die Problemlage abgestimmt sind. Durch die Beratungsleistung von fit2work soll bereits in einem frühen Stadium erkannt werden, ob Arbeitnehmer Gefahr laufen, invalid zu werden. So genannte „Case Manager" begleiten die Betroffenen während des gesamten Prozesses und ermöglichen ihnen im Bedarfsfall auch den Zugang zu den Rehabilitationsleistungen der zuständigen Stellen und weiteren Beratungseinrichtungen.
Das Ziel von fit2work ist die Verbesserung des Gesundheitszustandes und, damit verbunden, der nachhaltige Verbleib bzw. die Wiedereingliederung der Betroffenen in den Arbeitsprozess. Ebenso werden Betriebe speziell beraten, um Arbeitsplätze gesünder zu gestalten *(www.fit2work.at/home/Angebot_fuer_Betriebe)*.

Wie kann man eine vorzeitige Pensionierung durch die Krankheit verhindern?

Um vorzeitigen Pensionierungen vorzubeugen, soll nach dem Motto „Reha vor Pension" in Österreich durch gezielte Rehabilitation gegengesteuert werden. Dazu sind in den letzten Jahren in Österreich bundesweit neue medizinische Rehabilitationszentren entstanden.

Medizinische Rehabilitation

Diese umfasst einen ganzheitlichen Ansatz. Über die Behandlung der Krankheit hinaus werden auch andere damit in Zusammenhang stehende Faktoren berücksichtigt, um einen bestmöglichen Rehabilitationserfolg zu erzielen und die weitere Teilnahme am gesellschaftlichen und beruflichen Leben zu ermöglichen.

Die medizinische Rehabilitation ist in Österreich seit 1992 (32. ASVG-Novelle) eine Pflichtaufgabe der **Pensionsversicherung,** teilweise auch der **Krankenkassen** und der **Unfallversicherung.**

Zur Klärung der Notwendigkeit und der Zielsetzung einer Maßnahme der medizinischen Rehabilitation werden die *Rehabilitationsbedürftigkeit* (drohende oder bereits manifeste Beeinträchtigung der Teilnahme am sozialen und beruflichen Leben), die *Rehabilitationsfähigkeit* (körperliche und psychische Verfassung) und die *Rehabilitationsprognose* (medizinisch begründete Wahrscheinlichkeitsaussage über den Erfolg der Rehabilitation) geprüft.

Generelles Ziel der medizinischen Rehabilitation ist es, die drohenden oder bereits manifesten Beeinträchtigungen durch frühzeitige Einleitung von Rehabilitationsmaßnahmen abzuwenden, zu beseitigen oder zu mildern.

Die Ziele im Detail:
→ Verbesserung psychischer Funktionen (Reduktion von Angst, Stärkung der Konzentration, Stimmungsaufhellung, ...)
→ Verbesserungen im Bereich Aktivitäten und Teilhabe am Gesellschafts- und Berufsleben (Kommunikationsfähigkeit, soziale Kompetenz, Problemlösefertigkeiten, Stressbewältigung, Krankheitsbewältigung, ...)
→ Änderungen im Bereich jener Faktoren, die mit der Depression zusammenhängen (soziale Integration, Lebensstiländerung, Abbau von Risikoverhalten, ...)

Die medizinisch-psychiatrische Rehabilitation kann sowohl stationär als auch ambulant stattfinden.
Die Reha erfolgt im multiprofessionellen Team (Experten aus mehreren Fächern sind beteiligt) unter fachärztlicher Leitung. Es wird ein individuelles Therapieprogramm unter Berücksichtigung biologischer, psychologischer und sozialer Faktoren durchgeführt. Der Schwerpunkt der Behandlung liegt auf einzel- und gruppentherapeutischen Aktivitäten sowie medikamentösen Maßnahmen.

Wer kommt für eine Rehabilitation infrage?
Zielgruppe sind Menschen mit psychischer Krankheit, die entweder noch im Arbeitsprozess stehen oder arbeitslos sind, sich im Langzeitkrankenstand befinden oder um Berufsunfähigkeits- bzw. Invaliditätspension angesucht oder diese befristet bewilligt bekommen haben.
Die Zuweisung zur medizinischen Rehabilitation erfolgt mittels Antrag auf Rehabilitation beim zuständigen Sozialversicherungsträger durch den behandelnden Arzt.

Stationäre oder ambulante Rehabilitation?
Vorteile einer meist sechswöchigen **stationären Reha:**
→ Herausnahme aus einem belastenden Milieu mit „Verschnaufpause"
→ Möglichkeit einer Neuorientierung ohne gleichzeitige Konfrontation mit „Altlasten"

Ein **Nachteil** ist die Entfernung vom Wohnort, wodurch das Ineinandergreifen von medizinischer und beruflicher Rehabilitation nicht möglich ist. Das Einüben von alltagsnahen Bewältigungsstrategien ist somit schwieriger, Gelerntes kann nicht vor Ort erprobt werden.

Bei der ambulanten Rehabilitation sollte die tägliche Fahrzeit eine Stunde nicht überschreiten

Vorteile einer sechswöchigen **ambulanten Reha:**
→ bessere Integration der Reha in den Alltag des Patienten
→ mehr Arbeitsorientierung durch die tägliche Fahrt von zu Hause in die Ambulanz
→ Übungsmöglichkeiten vor Ort bzw. alltagsnahes Training
→ ein unterstützendes häusliches Umfeld kann genutzt werden
→ die Erfüllung nicht delegierbarer häuslicher Pflichten (Kinderbetreuung, Pflege von Familienmitgliedern etc.) ist möglich
→ bessere Koordinationsmöglichkeit im Hinblick auf die ärztliche und/oder psychotherapeutische Weiterbetreuung oder Anbindung an andere weiterbetreuende Institutionen

Nachteil einer ambulanten Reha:
Diese ist nur möglich, wenn eine gute Erreichbarkeit der ambulanten Einrichtung gegeben ist (die tägliche Fahrzeit sollte eine Stunde nicht überschreiten), und kommt daher eher in städtischen Ballungszentren infrage.

Die medizinische Rehabilitation kann als notwendige Vorstufe vor beruflichen Reha-Maßnahmen gesehen werden (bei denen eine ausreichende psychische Stabilität und berufsbezogene Motivation Voraussetzung ist), kann aber auch direkt zu einer beruflichen Tätigkeit führen.

Berufliche Rehabilitation

Die berufliche Rehabilitation fällt in den Zuständigkeitsbereich des AMS (Arbeitsmarktservice), der PVA (Pensionsversicherungsanstalt), der AUVA (Allg. Unfallversicherungsanstalt) oder aber auch des Bundessozialamtes. Institutionen wie z.B. das BBRZ (*www.bbrz.at* – Berufliches Bildungs- und Rehabilitationszentrum) bieten seit mehr als 30 Jahren Menschen mit körperlichen oder psychischen Behinderungen, die ihren Beruf nicht mehr ausüben können, vielfältige Unterstützungsmöglichkeiten an: Berufsorientierung, Trainingsmaßnahmen, Umschulung, Jobassistenz oder geschützte Arbeitsplätze.

Die **Reha-Planung** beinhaltet ein Reha-Assessment (differenzierte individuelle Standortbestimmung) und eine Berufspotenzialanalyse (ganzheitliche Abklärung und Orientierung).

Die **Reha-Trainingsmaßnahmen** dienen in erster Linie der Kompetenzentwicklung der Teilnehmer im Bereich Ausbildung und im Erwerb von sozialen Schlüsselqualifikationen.

Reha-Kombinationen beinhalten Elemente von Reha-Planung und Reha-Training und eignen sich besonders als Basisangebote für Personen mit psychischer Problematik. Neben Diagnostik der Persönlichkeit und der sozialen Kompetenzen, medizinischer Beratung, Leistungsdiagnostik, berufsspezifischer Grund- und Spezialabklärung sowie beruflicher Perspektivenentwicklung zielen die Reha-Kombinationen verstärkt auf Elemente zur psychischen Stabilisierung ab.

Auch Arbeitstraining und Maßnahmen zur Berufsvorbereitung sind Teil einer solchen Reha-Kombination. Reha-Ausbildungen mit Lehrabschlussprüfung werden vor allem im kaufmännischen und technischen Bereich angeboten.

Bei schweren und lang andauernden Depressionen können neben der üblichen beruflichen Rehabilitation auch die soziotherapeutischen Maßnahmen („Soziotherapie" siehe *Seite 168*) der so genannten „Arbeitsassistenz" nötig sein.

Die **Arbeitsassistenz** *(www.psz.co.at)* ist eine seit 1994 im Gesetz verankerte Dienstleistung. Kernauftrag ist die Beratung und Begleitung von Menschen mit Behinderungen/Erkrankungen zur Erlangung und Sicherung von Arbeitsplätzen. Dabei geht es im weitesten Sinn um eine Begleitung beim (Wieder-)Einstieg ins Arbeitsleben, wenn der Kranke zuvor für längere Zeit krankheitsbedingt nicht arbeitsfähig war. Dazu können unter Umständen auch Gespräche mit der Arbeitnehmervertretung oder Vorgesetzten gehören (sofern der Kranke damit einverstanden ist). Die Begleitung durch die Arbeitsassistenz beinhaltet auch Hilfestellungen beim Kontakt mit sozialen und medizinischen Dienstleistern, Behörden, Fördergebern und anderen Kooperationspartnern.

Das Dienstleistungsangebot der Arbeitsassistenz richtet sich sowohl an Menschen mit Behinderungen/Erkrankungen als auch an Betriebe und Unternehmen, die diese Menschen beschäftigen bzw. bereit sind, diese zu beschäftigen.

Rückfälle erkennen und vermeiden

Wenn man einmal eine depressive Episode hatte, liegt die Gefahr für das neuerliche Auftreten einer Depression irgendwann im Laufe des Lebens bei mehr als 60%. Allerdings können dazwischen oft viele Jahre liegen.

Das Rückfallrisiko ist besonders dann gegeben, wenn der Betroffene nach einer depressiven Krankheitsepisode nicht ganz gesund geworden ist und Restsymptome wie Energielosigkeit, Schlafstörungen oder verminderte Belastbarkeit weiter vorhanden sind.

Wann wird vorbeugend behandelt?

Üblicherweise wird bei der medikamentösen Therapie einer ersten depressiven Episode die Behandlung zumindest über sechs Monate nach der Akuttherapie in gleicher Dosierung fortgesetzt. In der Folge kann die Behandlung langsam ausgeschlichen werden, das heißt, die Dosis wird schrittweise reduziert. Der Arzt wird zunächst das eventuelle Auftreten einer zweiten Krankheitsepisode abwarten, ehe er entscheidet, ob eine vorbeugende Medikation gegeben werden sollte.

Bei ersten Anzeichen eines Rückfalls gleich den Arzt aufsuchen!

Wichtige Kriterien für eine vorbeugende Behandlung sind:
→ die Zeitspanne zwischen der ersten und der zweiten Episode
→ der Schweregrad der Depression inklusive Suizidgefährdung
→ Restsymptomatik nach der ersten Episode
→ familiäre Belastung für psychische Erkrankungen
→ Begleiterkrankungen wie Angsterkrankungen oder Sucht

Treffen mehrere der genannten Kriterien zu und tritt eine zweite Episode innerhalb von fünf Jahren auf, ist eine vorbeugende Medikation angemessen. Ansonsten erfolgt diese Maßnahme erst bei drei Episoden innerhalb von fünf Jahren.

Medikamente zur Vorbeugung bzw. Rückfallverhütung

Zur **medikamentösen Behandlung** eignen sich auch in der Vorbeugung in erster Linie die Antidepressiva aus der Akutphase in der dort wirksamen Dosis. Bei ungenügendem Ansprechen können zusätzlich Stimmungsstabilisatoren wie Lithiumsalze, Carbamazepin, Valproinsäure oder Lamotrigin gegeben werden sowie auch bestimmte atypische Antipsychotika (Quetiapin).

Psychotherapeutische Maßnahmen können ebenso helfen, Rückfälle zu verhindern. Psychotherapie ist auch bei Bestehen einer Restsymptomatik zusätzlich zur Medikamentengabe in der Reduktion von Rückfällen wirksam.

Achten Sie auf erste Warnsignale wie Müdigkeit oder Interessensverlust!

Frühwarnsymptome erkennen

Wichtig ist, rechtzeitig die Entwicklung einer neuen depressiven Episode zu erkennen und entsprechende Gegenmaßnahmen (medikamentös und psychotherapeutisch) zu ergreifen. Hier sollten Sie gut über die Symptome einer Depression Bescheid wissen und aus der Erfahrung früherer Depressionen auf individuell unterschiedliche so genannte Frühwarnsymptome – wie Schlafstörungen, Müdigkeit, Interessenabnahme, Neigung zum Grübeln, verstärkte Selbstkritik – achten (ohne aber in andauernde ängstliche Selbstbeobachtung zu verfallen).
Überlegen Sie sich schon vorher, wie Sie vorgehen, wenn Sie solche Frühwarnsymptome bemerken (Kontakt zu Angehörigen, Therapeuten), damit Fachleute rechtzeitig intervenieren können.
Versuchen Sie auch im Gespräch mit Ihrem Arzt oder Psychotherapeuten herauszufinden, welche Risikofaktoren (Stressfaktoren?) bei Ihnen für die Auslösung und Aufrechterhaltung von Depressionen eine Rolle spielen und wie Sie in Zukunft lernen können, entweder Stress zu vermeiden oder unvermeidlichen Stress besser zu bewältigen.

Ihre Fragen – unsere Antworten

→ *Muss ich mit einer Depression unbedingt zum Psychiater gehen?*

Nein. Die meisten Patienten können durch den praktischen Arzt ausreichend behandelt werden – die Ausbildung zum Allgemeinmediziner schließt auch das Fach Psychiatrie ein. Er kann die nötigen Untersuchungen durchführen und Medikamente gegen Depressionen verschreiben. Wenn der Hausarzt der Meinung ist, dass Sie bei einem Facharzt oder einem Psychotherapeuten besser aufgehoben sind, wird er Sie dorthin weiterleiten.

Natürlich kann sich der Patient auch selbst an einen Psychiater oder Psychotherapeuten wenden. Liegt eine Schwangerschaft vor, sollte vor Beginn der Behandlung auf jeden Fall ein Facharzt aufgesucht werden.

→ *Was ist der Unterschied zwischen einem Psychologen, einem Psychotherapeuten und einem Psychiater?*

Klinische Psychologen, also solche, die an Patienten arbeiten, können zur Unterstützung der Diagnose Tests durchführen. Psychologische Behandlungen beschäftigen sich u.a. mit der Bewältigung von Stress oder Angst und dem Training von Konzentration.

Ein Psychotherapeut absolviert – oft neben einer anderen Berufsausbildung (Psychologe, Arzt, Sozialarbeiter etc.) – eine mehrjährige Ausbildung in einer der Psychotherapieformen, wie Verhaltenstherapie, Psychoanalyse usw. Die Aufgabe des Psychotherapeuten ist es, psychische Erkrankungen und Beschwerden durch therapeutische Gespräche gezielt zu behandeln.

Ein Psychiater ist Facharzt für Psychiatrie und hat Medizin studiert. Zusätzlich haben heute alle Psychiater eine psychotherapeutische Ausbildung absolviert. Er erstellt Diagnosen, behandelt mit Medikamenten und wendet psychotherapeutische Methoden an.

→ Welche Behandlung ist bei Depressionen besser: Medikamente oder Psychotherapie?
In der Akutphase einer Depression sind Medikamente unverzichtbar, um aus dem Tief so weit herauszukommen, dass auch andere Maßnahmen wie eine Psychotherapie angewendet werden können. Bei leichten Depressionen muss im Einzelfall entschieden werden, ob man nur Medikamente gibt oder eine Psychotherapie allein sinnvoll ist oder ob man besser beides kombiniert. In mittelschweren und schweren Fällen hat sich die Kombination von Medikamenten und Psychotherapie als am wirksamsten herausgestellt.

→ Wirken Antidepressiva sofort?
Nein. Üblicherweise kommt es erst nach einer etwa vierwöchigen Behandlung zu einer deutlichen Besserung. Eine leichte Besserung ist oft bereits nach zwei Wochen zu bemerken.

→ Warum muss man die Medikamente weiternehmen, auch wenn es einem besser geht?
Setzt man die Medikamente abrupt ab, kann es zu einem Rückfall kommen. Antidepressiva darf man erst nach mindestens einem halben Jahr Beschwerdefreiheit durch allmähliche Dosisreduktion schrittweise absetzen. In manchen Fällen ist zur Vermeidung eines Rückfalls allerdings eine Langzeitbehandlung notwendig.

→ Machen Antidepressiva abhängig?
Nein. Sie führen zu keiner Gewöhnung, daher ist mit der Zeit auch keine Dosissteigerung notwendig.

Ihre Fragen – unsere Antworten

→ **Werden** *psychiatrische Patienten auch heute noch mit „Elektroschocks" behandelt?*
Diese Behandlung heißt Elektrokrampftherapie (EKT) und ist entgegen manchen Vorurteilen ein sicheres und wirksames Verfahren bei sehr schweren oder wahnhaften Depressionen. Die Behandlung, bei der durch eine kurze elektrische Reizung des Gehirns ein Krampfanfall ausgelöst wird, kann in besonders schweren Fällen rasch zu einer deutlichen Besserung führen.

→ *Wie finde ich den für mich „richtigen" Psychotherapeuten?*
Auf den Internetseiten *www.bmg.gv.at, www.psyonline.at* oder *www.psychotherapie.at* finden Sie eine Auflistung von Psychotherapeuten. Es ist hilfreich, vorher mit Ihrem Arzt zu besprechen, welche Therapierichtung für Sie infrage kommt. Wenn Sie dann eine Wahl getroffen haben, vereinbaren Sie ein (oder auch mehrere) Erstgespräch(e). Dabei sehen Sie, ob der Therapeut sich in Ihre Probleme einfühlen kann, Ihnen Respekt entgegenbringt, ob er den Eindruck erweckt, Ihnen helfen zu können. Ist das nicht gegeben oder ist er Ihnen nicht sympathisch, sollten Sie weitersuchen.

→ *Man liest immer wieder, dass bei der Sportausübung Glückshormone ausgeschüttet werden. Kann Sport daher auch gegen Depressionen helfen?*
Regelmäßiger, maßvoller Ausdauersport, wie z.B. Laufen, kann bei leichten bis mittelschweren Depressionen durchaus eine positive Wirkung zeigen. Schließlich fördert Sport u.a. Konzentration, Körperwahrnehmung und Selbstbewusstsein; außerdem lenkt er von negativen Empfindungen ab, hilft Aggressionen abzubauen und kann Energie- und Antriebslosigkeit bessern.
Bewegung allein kann aber einer Depression weder vorbeugen noch eine Depression heilen.

Leben mit Depression

KAPITEL 6

Betroffene erzählen:
Der Alltag wurde zum Himalaya

Können Sie sich vorstellen, dass man vor der Kaffemaschine steht und einem das Hineingeben der Kapsel und das Drücken des Startknopfes wie eine unlösbare Aufgabe erscheinen? Jede kleine Alltagstätigkeit war im Jahr meiner Krankheit für mich so schwierig wie eine Himalayabesteigung.
Ich hatte bereits zum zweiten Mal eine Depression, diesmal war es aber besonders schlimm.
Begonnen hatte das Ganze mit Unruhe, Angst und Unsicherheit. In meinem Beruf stand ich unter enormem Druck. Privat war ich nur noch auf meine Pflichten als Mutter, Ehefrau und Hausfrau fokussiert und nicht mehr auf mich selbst. Dazu kam, dass mir meine Mutter alle Sorgen, die sie mit meinen Brüdern und deren Kindern hatte, aufbürdete und von mir erwartete, dass ich ständig helfend einspringen sollte.
Irgendwann wurden die Ängste so stark, dass ich nicht mehr allein bleiben wollte, mich nicht mehr traute, Auto zu fahren, und eigentlich nur noch schlafen wollte. Ich bin zwar in der Früh für meine Kinder aufgestanden, habe mich dann aber wieder hingelegt und so lange wie möglich geschlafen. Je kürzer der Tag war, umso besser.

Sogar meinen Lieblingssport, das Reiten, gab ich auf. Mein Mann und meine Großfamilie konnten bei den Kindern und im Haushalt glücklicherweise vieles ausgleichen. Aber natürlich litten die Kinder unter der Situation. Mein Sohn nahm mir einmal das Versprechen ab, dass ich niemals das machen würde, was mein Neffe im Jahr davor getan hatte: Er hatte sich das Leben genommen ...

Ich habe mehrere Ärzte konsultiert und schließlich einen Psychiater gefunden, der mir helfen konnte. Endlich hat ein Medikament gewirkt! Dieser Arzt war auch stets für mich da. Wir haben täglich telefoniert, was mir große Sicherheit gegeben hat. Langsam stellte sich dann eine Besserung ein.

Dazu hatte ich auch im Haushalt Unterstützung über eine Organisation bekommen. Diese Frau war genau das Richtige für mich. Sie hat mich beim Einkaufen begleitet und mit ihr habe ich mich nach Monaten zum ersten Mal wieder getraut, Auto zu fahren und reiten zu gehen.

Das Reiten hat mir schließlich enormen Auftrieb gegeben. Sowohl der Kontakt mit dem Tier als auch die sportliche Tätigkeit.

Eines Tages stand ich aber doch wieder vor einem für mich unlösbaren Problem: Meine Tochter fragte mich, was wir denn im Urlaub machen würden. Da kamen wieder die Ängste: Wie konnte ich verreisen? Was sollte ich tun, wenn ich dort eine Attacke bekam?

Schließlich sind wir gemeinsam mit mehreren Freunden und deren Kindern nach Griechenland gefahren. Es war wunderschön, hat richtig Spaß gemacht und ich hatte kein einziges Mal Angst. Endlich habe ich mich wieder gesund gefühlt.

Heute weiß ich, dass ich nicht perfekt sein muss, dass ich auch einmal nichts tun darf. Ich habe durch die Krankheit auch gelernt, das Selbstverständliche zu genießen. Und noch einen positiven Effekt hatte dieses Jahr: Ich habe sehr viele nette Menschen kennen gelernt, die mir geholfen haben.

Unlängst habe ich sogar schon wieder ein großes Abendessen gemacht – für die 27 Teilnehmer unserer Griechenlandreise. Und es war wunderbar!

Zwar muss ich noch meine Medikamente nehmen, hoffe aber, dass ich sie bald langsam reduzieren kann.

Isabella, 50, Sprachheil- und Sonderpädagogin

Den Alltag bewältigen

Wenn tägliche Aktivitäten zum Problem werden ...

Eine Depression bringt nicht nur hohen Leidensdruck mit sich, sondern wirkt sich auch nachhaltig auf den Alltag aus. Durch die Antriebsstörung erscheinen normale leichte Alltagsanforderungen als unüberwindlich. Früher gerne ausgeübte Freizeitaktivitäten werden uninteressant. Die Krankheit beeinträchtigt natürlich auch die Leistungsfähigkeit im Beruf, was zu zusätzlichen Problemen führt.
Wie sollte man als Betroffener mit all dem umgehen? Wo findet man Hilfe?

Allgemeine Tipps:

→ Wichtig ist es, die momentanen **Beeinträchtigungen** zu **akzeptieren** und nicht Unmögliches bewältigen zu wollen.

→ Nach Möglichkeit sollte man eine **vorübergehende Entlastung** bei einem Teil der Pflichten und Ansprüche sowohl in der Familie als auch am Arbeitsplatz suchen. Bei schwereren Depressionen kann auch ein zeitlich begrenzter Krankenstand notwendig sein.

→ **Geduld:** Aufgrund der eingeschränkten Konzentrationsfähigkeit und der Antriebsverminderung in der Depression werden geistige Aktivitäten vor allem zu Beginn einer depressiven Episode als quälend erlebt. Hier sollte man geduldig sein und sich nicht selbst überfordern. Sobald die Behandlung greift, löst sich auch dieses Problem.

Den Alltag bewältigen | **KAPITEL** 6

Während einer depressiven Episode sollte man keine schwer wiegenden Entscheidungen treffen

→ **Körperliche Aktivität:** Bei regelmäßigem Sport über eine gewisse Zeit werden körpereigene Hormone (wie das „Glückshormon" Endorphin) ausgeschüttet, die sich grundsätzlich positiv auf das Wohlbefinden auswirken können. Bewegung kann deshalb zusätzlich zur Psychotherapie und Pharmakotherapie sinnvoll sein, um die Genesung zu beschleunigen (zum Thema Sport siehe auch *Seite 171*). Grundsätzlich sind alle Ausdauersportarten wie Wandern, Radfahren, Schwimmen, Walken (zügiges Gehen) oder gemäßigtes Joggen empfehlenswert.

Auch bei körperlichen Aktivitäten ist es wichtig, die Beeinträchtigungen durch die Depression ernst zu nehmen und sich nicht zu überfordern.

→ Die **Strukturierung des Alltags** mit einem exakten Plan für alle Tätigkeiten kann ebenfalls hilfreich sein: In einen Wochenplan (wie ein Stundenplan in der Schule) können Sie vorerst einmal täglich Ihre Aktivitäten eintragen und beurteilen, ob Sie diese als angenehm, neutral oder unangenehm erleben. In einem zweiten Schritt sollten Sie versuchen, die trotz Depression als angenehm erlebten Aktivitäten gezielt einzuplanen. Notieren Sie im Stundenplan aber auch jene Tätigkeiten, die Sie erledigen müssen. Diese Planung im Vorfeld nimmt Ihnen schwierige Entscheidungssituationen ab, dadurch werden die anstehenden Aufgaben gleich viel übersichtlicher und sind besser zu bewältigen.

Was tun, wenn eine Entscheidung ansteht?

Personen, die an einer Depression erkrankt sind, können grundsätzlich wie alle anderen Menschen Entscheidungen über jene Bereiche treffen, die ihnen wichtig sind. Allerdings fallen den meisten Patienten Entscheidungen während einer depressiven Episode schwer. Das kann ganz alltägliche Dinge wie die Wahl der Kleidung oder des Essens betreffen.

Vereinzelt kann es durch die Krankheit und die verzerrte Sicht der Dinge aber zu Spontanentscheidungen mit negativen Folgen kommen.

Beispielsweise führt eine Depression zu einer negativen Sicht der Dinge. Alles, was man normalerweise als schön und gut erachtet, wird dann ausgeblendet. Wenn also im Rahmen einer schweren depressiven Episode Konflikte in der Partnerschaft auftreten, wird manchmal die Beziehung als Ganzes infrage gestellt. Auf Basis einer solchermaßen verzerrten Sicht eine schwer wiegende Entscheidung über eine Trennung vom Partner zu fällen, birgt das Risiko, dies nachher zu bereuen und nicht mehr rückgängig machen zu können.

Nicht selten kommt es auch vor, dass man aus der momentanen Überlastung heraus seinen Arbeitsplatz kündigen will. Solche und ähnliche Wünsche nach überstürzten Veränderungen der Lebenssituation sollten daher besser aufgeschoben werden, bis sich der Zustand gebessert hat.

Den Alltag bewältigen | **KAPITEL 6**

Depression am Arbeitsplatz ist keine Seltenheit

Depression im Arbeitsalltag

Psychische Erkrankungen sind die häufigste Ursache für Berufsunfähigkeit. Während die Anzahl der Krankenstandstage wegen körperlicher Leiden in den letzten Jahren zurückgegangen ist, ist die Anzahl der Krankenstandstage wegen psychischer Störungen kontinuierlich gestiegen. Ebenso ist ein Anstieg der Frühpensionen aufgrund von depressiven Erkrankungen zu verzeichnen.

Depressionen am Arbeitsplatz sind also sowohl in der Öffentlichkeit als auch bei Personalverantwortlichen und Betriebsärzten genauso wie bei Mitarbeitern ein geläufiges Thema. Trotzdem ist die Frage, wie man als Betroffener am Arbeitsplatz damit umgehen soll, nicht einfach zu beantworten.

Den Arbeitgeber informieren?

Wird wegen der Depression ein Krankenstand notwendig, so stellt sich die Frage, wie man dies dem Arbeitgeber beibringen soll. Arbeitgeber müssen ja nur über die Krankschreibung, nicht jedoch über die Diagnose informiert werden. (Es ist wich-

Wer unter einer akuten Depressionsepisode leidet, ist den Anforderungen im Beruf meist nicht gewachsen

tig, zu wissen, dass man das Recht hat, dem Arbeitgeber die Art der Krankheit **NICHT** mitzuteilen.) Bei voraussichtlich längerem Krankenstand mit stationärem Aufenthalt ist es aber im eigenen Interesse sinnvoll, den Personalreferenten bzw. den Chef über die Erkrankung und die voraussichtliche Dauer des Krankenstands zu informieren.

Was sage ich meinen Arbeitskollegen?

Ob man die Kollegen über die Krankheit informiert, hängt vom Vertrauen zu ihnen und vom Betriebsklima ab. Manchmal ist die Wahrheit besser als Andeutungen, die häufig nur zu entsprechenden Gerüchten führen. Je offener und selbstverständlicher Sie mit Ihrer Erkrankung umgehen, desto mehr Verständnis und Rücksichtnahme werden Sie wahrscheinlich erfahren.

Bei nicht so optimalem Betriebsklima sollte man sich allerdings überlegen, ob die Offenheit für Ihre Karriere nicht von Nachteil sein könnte. Dann kann es günstiger sein, auf Nachfragen wegen Ihrer Krankenstände nur eine kurze, allgemeine Antwort zu geben, die man sich vorher zurechtgelegt hat, wie zum Beispiel: „Ich war ziemlich krank und erschöpft. Ich bin froh, dass es vorbei ist. Erinnern Sie mich lieber nicht daran."

Manchen Menschen helfen auch warme Bäder und Entspannungsübungen, um besser einzuschlafen

Umgang mit Schlafstörungen

Schlafstörungen sind ein typisches Symptom der Depression. Ausreichend erholsamer Schlaf ist jedoch wichtig für das Allgemeinbefinden. Schlafstörungen können das psychische Problem noch verstärken. Daher ist bei schwereren Schlafstörungen eine medikamentöse Behandlung mit schlaffördernden Medikamenten sinnvoll und notwendig.

Nicht-medikamentöse Maßnahmen gegen Schlafprobleme

Körperliche Betätigung: Viele Menschen verbringen den größten Teil des Tages im Sitzen bzw. mit oft sehr einseitigen Belastungen, z.B. des Rückens. Für einen gesunden Schlaf ist eine ausgewogene körperliche Aktivität tagsüber sehr wichtig, jedoch nicht in den letzten Stunden vor dem Schlafengehen. Kurz vor dem Zubettgehen empfiehlt sich eher ein ruhiger Abendspaziergang. Manchen Menschen helfen auch warme Bäder und Entspannungsübungen, um besser einzuschlafen.

Planen der Schlaf-Wach-Zeiten: Feste Zeiten, zu denen man ins Bett geht und aufsteht, begünstigen eine erholsame Nachtruhe. Wenn der Schlaf gestört und verkürzt ist, empfiehlt es sich, später ins Bett zu gehen als früher aufzustehen. Auch sollte man keinen Mittagsschlaf halten bzw. den Mittagsschlaf bei den geplanten Schlafzeiten berücksichtigen.

Müdigkeit abwarten: Gehen Sie nur schlafen, wenn Sie wirklich müde sind. Im Bett nicht mehr fernsehen, lesen, essen oder grübeln; wenn zehn Minuten nach dem Zubettgehen noch kein Schlaf eingetreten ist, sollten Sie wieder aufstehen und sich in einem anderen Zimmer beschäftigen. Gehen Sie erst wieder ins Bett, wenn Sie müde genug sind.

Gedankliche Umstrukturierung: Oft hindern Gedanken über den vergangenen Tag, über Beziehungen, über die Zukunft, Erwartungsängste etc. am Einschlafen. Räumen Sie daher den Sorgen oder Problemen jeden Abend eine gewisse Zeit zum Überdenken ein und verbannen Sie diese dann aus der Schlafenszeit. Machen sich trotzdem negative Gedanken breit, setzen Sie ihnen bewusst positive Gedanken entgegen.

Ihre Fragen – unsere Antworten

→ Was kann ich tun, wenn mir aufgrund meiner Krankheit im Alltag alles über den Kopf wächst?
Einerseits sollten Sie versuchen, Tätigkeiten an andere Familienmitglieder zu delegieren. Andererseits hilft oft eine exakte Strukturierung des Alltags mittels Wochenplan. Tragen Sie dort die Dinge ein, die Sie erledigen MÜSSEN (überfordern Sie sich dabei nicht!). Als Ausgleich planen Sie täglich auch einige jener Aktivitäten ein, die Ihnen immer Freude bereitet haben.

→ Zusätzlich zur Depression habe ich auch noch eine Ehekrise. Am liebsten möchte ich alles hinwerfen! Könnte es mir durch einen Neuanfang besser gehen?
Beziehungsprobleme treten hin und wieder als Folge der Belastung durch die Depression auf. Allerdings sind solche Krisen meist nie so schwerwiegend, wie sie in den Augen des Erkrankten aussehen. Denn zu einer Depression gehört auch die negative Sicht aller Dinge. Es wäre daher gefährlich, während einer depressiven Episode eine folgenschwere Entscheidung bezüglich einer Trennung zu treffen. Verschieben Sie solche Entscheidungen auf später, wenn es Ihnen durch die Behandlung wieder besser geht.

→ Muss ich meinen Arbeitgeber im Falle eines Krankenstands über meine Depression informieren?
Nein, das müssen Sie nicht. Im eigenen Interesse kann aber ein Gespräch sinnvoll sein, in dem Sie ihn über Ihre Situation aufklären. Die Chancen auf Verständnis sind größer, wenn er weiß, warum Sie für längere Zeit ausfallen.

Familie und Umfeld

Depressionen können einen Menschen völlig verändern. Ein früher lebenslustiger, vielseitig interessierter und warmherziger Partner kann sich plötzlich ins Gegenteil verwandeln: zurückgezogen, deprimiert, desinteressiert an der Welt und den Menschen, oft voller Schuldgefühle, energielos und unkonzentriert, wenig belastbar und kaum leistungsfähig. Das Interesse an gemeinsamen Aktivitäten geht ebenso verloren wie das Verlangen nach Nähe und Austausch von Zärtlichkeiten.

Was tun, wenn der Partner an einer Depression erkrankt?

Angehörige schwanken in so einer Situation oft zwischen Hilflosigkeit und Ärger. Denn die Depression eines Familienmitglieds belastet die anderen, in erster Linie den Partner, auf mehrfache Weise:

→ Man sorgt sich um den Betroffenen und fühlt sich ohnmächtig, weil man ihm nicht helfen kann.

→ Dauert die Depression länger an, muss man dem Kranken auch noch Aufgaben und Entscheidungen abnehmen und ist dadurch zusätzlich belastet.

→ Man fühlt sich mit der Verantwortung für die Familie alleingelassen.

→ Lebensüberdruss bis hin zu Selbstmordgedanken beim Patienten können zusätzlich die Anspannung und die emotionale Belastung bei den anderen steigern.

→ Da der Einsatz der Familienmitglieder vom Patienten meist nicht gewürdigt wird und kein Interesse an Beziehung bzw. Familienleben gezeigt wird, fühlen sich Angehörige abgelehnt.

→ Wenn Patienten ständig über körperliche Probleme, Schmezen oder Schlafstörungen klagen oder langsam und unkonzentriert sind, kann das die anderen mit der Zeit nerven und wütend machen, was wiederum Schuldgefühle nach sich zieht.

Wie aber soll man sich in so einer schwierigen Situation richtig verhalten, um sowohl dem depressiven Patienten als auch sich selbst gerecht zu werden?

Ratschläge für Angehörige

Erkennen und akzeptieren Sie die Depression als Erkrankung!

Viele zusätzliche Probleme im Umgang mit Depressionspatienten resultieren aus Missverständnissen und mangelnder Information. Hier einige Beispiele:

- Wenn Menschen depressiv werden, wird dies manchmal als Faulheit oder Sich-gehen-Lassen missverstanden. In der Folge fordert man den Patienten auf, sich doch zusammenzunehmen.
- Fehlende Energie und die für eine Depression charakteristische Interesselosigkeit werden oft als Ablehnung in einer Beziehung missverstanden.
- Der Kranke zieht sich vom sozialen Leben zurück und tendiert dazu, aus einem Gefühl der Überforderung heraus verschiedene Aufgaben und Aktivitäten zu vermeiden. Beides wird oft als Bequemlichkeit ausgelegt.

Wissen bringt Hilfe

Depression ist eine häufige und ernst zu nehmende Erkrankung und es ist besonders wichtig, sich als Angehöriger ausreichend zu informieren. Nur wer über die Krankheit und ihre Symptome Bescheid weiß, wird den Patienten verstehen können, wird sich durch das Verhalten des Kranken nicht verletzt oder abgelehnt fühlen und kann so mit der schwierigen Situation und den zusätzlichen Belastungen besser umgehen.

Suchen Sie therapeutischen Rat und Hilfe!
Depression ist eine Krankheit, für deren Linderung bzw. Heilung es professioneller Hilfe bedarf. Es ist daher von größter Bedeutung, dass Patienten diese Hilfe suchen bzw. annehmen. Angehörige spielen dabei zumeist eine entscheidende Rolle.

Leidet jemand unter einer **leichteren Form der Depression**, so kann er durch entsprechende Argumentation und Unterstützung (z.B. Empfehlung eines Experten) zu einem Besuch bei einem Arzt und/oder Psychotherapeuten motiviert werden.

Im Falle einer **schweren Depression** haben Betroffene oft nicht mehr die Energie, um sich Hilfe zu holen, oder sie sind so hoffnungslos und der Meinung, dass ihnen ohnehin niemand mehr helfen kann. Oft fehlt auch die Krankheitseinsicht und sie halten eine Behandlung nicht für notwendig. Hier müssen Angehörige die Initiative ergreifen, für den Patienten einen Arzttermin vereinbaren und ihn dorthin begleiten.

Was aber tun, wenn der Betroffene sich dazu krankheitsbedingt nicht in der Lage fühlt oder sich sogar aktiv weigert?
Dann sollten Angehörige auch ohne den Patienten einmal einen Arzt konsultieren, um die weitere Vorgehensweise zu besprechen (Informationsvermittlung, Hilfestellung im Umgang mit dem Patienten, Abklärung der Notwendigkeit einer Behandlung, evtl. Notwendigkeit einer stationären Aufnahme).
Hilfe und Information können Sie auch über Angehörigenvereine (z.B. HPE – Hilfe für Angehörige psychisch Erkrankter) oder Angehörigengruppen bekommen. Es ist jedenfalls sinnvoll, wenn Angehörige in irgendeiner Form in die Betreuung depressiver Patienten mit einbezogen werden. Es sei denn, es gibt triftige Gründe, die dagegen sprechen (z.B. wenn der Patient es ausdrücklich nicht wünscht).

Verständnis und Geduld sind wichtige Voraussetzungen im Umgang mit Betroffenen

Haben Sie Geduld und vermitteln Sie Hoffnung!
Es braucht einige Zeit, bis Therapien Wirkung zeigen. Haben Sie daher Geduld und lassen Sie sich nicht von der Hoffnungslosigkeit und dem Pessimismus des Patienten anstecken. Glauben Sie an die gute Prognose und vermitteln Sie auch dem Patienten, dass eine Besserung oder Wiederherstellung des psychischen Gleichgewichts möglich ist.

Vorsicht mit gut gemeinten Ratschlägen!
Wenn jemand in Schwierigkeiten ist, denkt man oft zuerst daran, wie man selbst das Problem lösen würde, und erteilt einen entsprechenden Rat. Dabei übersieht man aber, dass depressive Menschen zu solchen Lösungen krankheitsbedingt meist nicht in der Lage sind. Kritik oder Appelle wie „Reiß dich zusammen" oder „Lass dich nicht so gehen" sind nicht nur sinnlos, sondern sogar kontraproduktiv. Denn die Betroffenen sind damit überfordert und fühlen sich danach noch schlechter. Depressive machen sich ohnehin selbst Vorwürfe und eine Bestä-

tigung dieser Selbstvorwürfe von außen trifft sie dann besonders. Auch die Aufforderung, mehr unter Menschen zu gehen, zu verreisen, an einer Feier teilzunehmen oder einen lustigen Film anzusehen, verstärkt meist die Depressivität, weil die Patienten die Fähigkeit verloren haben, sich zu freuen. Oft sind sie auch einfach überfordert. Dies wird ihnen gerade in solchen Situationen schmerzlich bewusst.

Dagegen sollten Sie den Betroffenen immer dann unterstützen, wenn er Eigeninitiative zeigt. Auch die Motivation zu körperlichen Aktivitäten (spazieren gehen, laufen, schwimmen, Rad fahren etc.) kann bei leichteren Depressionen sinnvoll sein. Im Zuge einer Depression sind körperliche Aktivitäten eher möglich als geistige, da Letztere mehr Konzentrationsfähigkeit und Antrieb erfordern.

Wenn jemand im Begriff ist, aus einer schweren Depression langsam herauszukommen, kann es allerdings sinnvoll sein, dass Angehörige und Freunde aktiv werden, wenn es um gemeinsame Unternehmungen und Kontakte geht. Denn der Depressive ist dann oft noch nicht in der Lage, von sich aus anzurufen oder eine gemeinsame Unternehmung vorzuschlagen.

Motivieren Sie den depressiven Partner zu gemeinsamen körperlichen Aktivitäten!

Depression ist kein günstiger Zeitpunkt für wichtige Entscheidungen!
In der Depression ist die Realitätsbeurteilung sehr verzerrt in Richtung negativer Sichtweisen, z.B. in Bezug auf Arbeitsplatz, Finanzen oder Beziehungen. Deshalb sollten in diesem Zustand keine wichtigen Entscheidungen, wie z.B. Kündigung des Arbeitsplatzes oder Verkauf von Haus oder Grundstücken, getroffen werden. Versuchen Sie als Angehöriger, in so einem Fall einzugreifen.

Signalisieren Sie dem Betroffenen, dass Sie für ihn da sind, jedoch ohne ihn zu bevormunden

Wie Sie Ihrem Angehörigen/Partner noch helfen können:
→ Unterstützen Sie Ihren depressiven Partner/Angehörigen dabei, seinen Tagesablauf zu strukturieren und eine gewisse Orientierung in den Alltag zu bringen. Helfen Sie ihm bei Aktivitäten und Verpflichtungen, die er aufgrund der Erkrankung momentan nicht alleine übernehmen kann.
→ Nehmen Sie dem Kranken allerdings nicht alles ab, überfordern Sie ihn aber auch nicht.
→ Vermeiden Sie es, ihn zu bevormunden oder einzuengen, und treffen Sie keine Entscheidungen hinter seinem Rücken.
→ Lenken Sie den Blick Ihres kranken Familienmitglieds darauf, dass er eine Aufgabe bewältigt hat, und loben Sie ihn dafür – auch wenn er dieses Lob manchmal entwertet, indem er sagt, das sei doch nichts, das könne ja jeder und überhaupt sei ihm das früher viel besser gelungen.
→ Versuchen Sie, den Betroffenen durch kleinere Unternehmungen, wie z.B. gemeinsame Spaziergänge, zu aktivieren.
→ Signalisieren Sie ihm immer wieder, dass Sie für ihn da sind und ihn auf seinem Weg durch die Depression unterstützen und begleiten. Auch wenn Ihr Partner äußert, dass ihm nicht zu helfen sei: Es tut ihm gut, zu wissen, dass er auf Sie zählen kann!

Vergessen Sie nicht auf Ihre eigenen Bedürfnisse!

Was Sie für sich selbst tun können, wenn Ihr Partner unter Depressionen leidet

Je nach Schweregrad der Depression Ihres Partners werden Sie mehr oder weniger Aufgaben übernehmen und Belastungen ertragen müssen. Es ist wichtig, dass Sie sich in dieser Zeit der Belastung nicht selbst vernachlässigen und eine Balance finden zwischen der Sorge und Achtsamkeit für den depressiven Menschen und der Verantwortung für sich selbst und die eigene Gesundheit.

Sie helfen weder dem Betroffenen noch sich selbst, wenn Sie zulassen, dass auch das eigene Leben nur noch von der Depression dominiert wird. Machen Sie nicht alles mit sich alleine aus, fressen Sie Ihre Sorgen und Nöte nicht in sich hinein. Kontaktieren Sie Freunde und Bekannte und sprechen Sie sich aus. Niemand ist endlos belastbar. Innezuhalten und Kraft zu tanken sind berechtigte Bedürfnisse. Daher sollten Sie zumindest zeitweise Aufgaben und Betreuung auch an andere Personen delegieren, um selbst Zeit für Erholung und Ausgleich zu haben.

Nehmen Sie sich die Zeit für Dinge, die Ihnen gut tun. Pflegen Sie Ihre Hobbys, planen Sie Entspannungspausen ein, gehen Sie zur Massage, lesen Sie, hören Sie Musik etc. Verlieren Sie Ihr eigenes Leben und die Interessen und Aktivitäten, die Ihnen Freude bereiten, nicht aus den Augen. Pflegen Sie weiterhin den Kontakt zu Freunden, selbst wenn Ihr Partner im Moment kein Interesse daran hat.

Es ist oft schwierig, die richtige Mischung zwischen Einfühlen in den Patienten und ausreichend Abgrenzung zu finden. Viele Angehörige entwickeln dann Schuldgefühle oder werden aus der Überforderung heraus selbst depressiv. Hier wäre es wichtig, selbst rechtzeitig professionelle Hilfe zu suchen. Darüber hinaus kann auch der Besuch von Angehörigengruppen zum Erfahrungsaustausch sehr hilfreich sein.

Familie und Umfeld | **KAPITEL** 6

Häufige Fehlzeiten können ein Hinweis auf die Depression eines Mitarbeiters sein

Wenn Mitarbeiter depressiv werden

Wenn ein Mitarbeiter in eine psychische Krise gerät oder sich bei ihm langsam eine psychische Krankheit entwickelt und ausprägt, hat dies Auswirkungen auf sein Verhalten am Arbeitsplatz. Veränderungen zeigen sich für den Außenstehenden im Arbeitsverhalten, im Sozialverhalten, in der Gefühlslage und im Ausdruck von Gefühlen, im körperlichen Bereich und im Alltagsleben.
Wenn Sie als Vorgesetzter oder Kollege einige der nachfolgend angeführten Veränderungen an einem Kollegen beobachten oder wiederfinden, sollten Sie hellhörig und aufmerksam werden, ohne den Betreffenden gleich als *„psychisch gestört"* abzustempeln.

> **Warnsignale**
>
> **Arbeitsverhalten:** *vermehrte Fehlzeiten, häufigere Arbeitsunterbrechungen*
>
> **Leistungsverhalten:** *Leistungsminderung, Nachlassen von Konzentration und Flexibilität*
>
> **Sozialverhalten:** *sozialer Rückzug oder ängstlich-vermeidendes Verhalten*
>
> **Gefühlslage:** *Niedergeschlagenheit, Erschöpfung, Resignation, vermehrtes Klagen über körperliche Beschwerden*
>
> **Alltagsverhalten:** *manchmal erhöhter Alkoholkonsum*
>
> *Sollten Sie einige dieser Merkmale über einen längeren Zeitraum bei einem Kollegen/Mitarbeiter bemerken, lohnt es sich, ihn darauf anzusprechen und ihm Ihre Beobachtungen mitzuteilen. Bei der Beschreibung Ihrer Beobachtung ist es wichtig, sich auf die Verhaltensbeschreibung zu beschränken und diese ohne Wertung und ohne Interpretation zu besprechen.*

Ratschläge für Arbeitskollegen und Vorgesetzte

Betriebliche Handlungsmöglichkeiten zur Unterstützung von psychisch belasteten und kranken Mitarbeitern:

→ **Unterstützung bei Arbeitsunfähigkeit und Krankenhausbehandlung:**
Bei längeren Arbeitsunfähigkeitszeiten ist es für den Betroffenen oft hilfreich, wenn Vorgesetzte oder Kollegen lockeren Kontakt halten und dem kranken Kollegen zeigen, dass sie an ihn denken und dass er vermisst wird.

→ **Vorbereitung auf die Rückkehr an den Arbeitsplatz:**
Für die Planung der Arbeitsinhalte ist ein Abgleich von Anforderungs- und Fähigkeitsprofil die Grundlage für die Vorgehensweise bei der Wiedereingliederung. Neben der Vorbereitung auf die Wiedereingliederung in zeitlicher und fachlicher Hinsicht sollte aber auch die Rückkehr zu den Kollegen bewusst geplant werden. Kollegen wissen oft nicht, wie sie dem Rückkehrer begegnen sollen, und der Betroffene selbst ist ebenfalls unsicher, wie er auf seine Kollegen zugehen soll. Oft ist er auch beschämt.
Jedenfalls muss er allein entscheiden, wie viel er den Kollegen über seine Erkrankung preisgeben möchte. Was der Einzelne wirklich sagen soll, kann nicht generell empfohlen werden und sollte im Rahmen der ärztlichen bzw. psychotherapeutischen Behandlung vor Arbeitsantritt besprochen werden.

Präventive Maßnahmen im Betrieb:

Die **betriebliche Gesundheitsförderung** als vorbeugende Maßnahme zur Verbesserung von Gesundheit und Wohlbefinden am Arbeitsplatz ist in Österreich gerade in Bezug auf psychische Probleme noch ein relativ neuer Ansatz. Informationen dazu finden Sie unter *www.netzwerk-bgf.at*.

Ihre Fragen – unsere Antworten

→ *Meine Frau leidet unter Depressionen. Ich bemühe mich sehr, sie zu entlasten, und muss für die Familie alles alleine entscheiden und organisieren. Warum lehnt sie mich trotzdem ab?*
Die „Ablehnung" hat nichts mit dem Partner zu tun, sondern ist ein Symptom der Krankheit. Depressive haben einfach keine Energie und interessieren sich für nichts, was ihnen normalerweise wichtig ist. Das darf keinesfalls persönlich genommen oder als Ablehnung missverstanden werden.

→ *Mein Vater leidet unter Depressionen, weigert sich aber, einen Arzt aufzusuchen. Was kann ich tun?*
Menschen mit Depressionen haben oft keine Krankheitseinsicht. Zusätzlich glauben sie, dass ihnen ohnehin niemand helfen kann. Daher müssen in solchen Fällen Angehörige die Initiative ergreifen und für den Patienten einen Arzttermin vereinbaren und ihn auch dorthin begleiten. Weigert sich der Kranke trotzdem, so sollten Angehörige zunächst einmal alleine den Arzt konsultieren, um die weitere Vorgehensweise zu besprechen.

→ *Ist es sinnvoll, sich zu bemühen, einen depressiven Menschen aus seiner Isolation herauszureißen, ihn zu animieren, unter Menschen zu gehen oder eine schöne Reise zu machen?*
Nein, das hat keinen Sinn. Betroffene haben nicht nur die Fähigkeit verloren, sich zu freuen, sondern sind mit solchen Plänen auch überfordert, was ihnen dann schmerzlich bewusst wird. Allerdings ist es wichtig, den Patienten immer dann zu unterstützen, wenn er Eigeninitiative zeigt. Auch die Ermunterung zu sportlichen Aktivitäten kann erfolgreich sein, weil bei einer Depression manchmal körperliche Aktivitäten eher möglich sind als geistige.

→ *Mein Partner zieht mich mit seiner Depression derart hinunter, dass ich langsam selbst depressiv werde. Was kann ich tun?*
Suchen Sie selbst rechtzeitig professionelle Hilfe. Im Übrigen ist es von größter Bedeutung, dass Sie sich nicht ausschließlich auf den depressiven Angehörigen konzentrieren, sondern zeitweise Aufgaben und Betreuung an jemanden delegieren. Sie müssen schließlich auch selbst Kraft tanken, sich Zeit für Ihre Interessen und Ihre Freunde nehmen. Und das ohne Schuldgefühle. Denn niemand ist endlos belastbar.

Kinder und Jugendliche

KAPITEL 7

Depression kennt kein Alter

Ausschnitte aus einer Therapiesitzung mit Martin, 17:

Therapeut: *Ich habe das Gefühl, Sie haben letzte Woche etwas Wichtiges entdeckt ...*

Martin: *Ich habe herausgefunden, dass ich eine Depression habe. Das war ein wichtiger Punkt. Bei den anderen Psychotherapien habe ich erzählt und erzählt, aber ich habe nicht gewusst, worüber ich sprechen soll und wohin das führt. Ich habe die anderen Therapien aufgegeben, weil ich das Gefühl hatte, nirgends hinzukommen, und ich hab mir gedacht: „Hey, vielleicht bin ich einfach so." Ich ging nach Hause und machte die gleichen Sachen.*

Therapeut: *Ich bin sehr froh, dass Sie einen neuen Versuch machen, Ihre Krankheit zu behandeln, und dass Sie hoffen, es diesmal zu schaffen. Wie fühlt sich das an?*

Martin: *Ich fühle mich heute gut, da ich zum ersten Mal mein Arbeitspensum erfüllen konnte. Sonst kam ich zu spät, stand zu spät auf, fühlte mich nicht gut ...*

Therapeut: *Es ist wunderbar, dass es im Bereich Arbeit, der im Leben sehr wichtig ist, so gut geklappt hat. Wir haben auch über soziale Aktivitäten gesprochen, Dinge wie ins Kino gehen.*

Martin: *Ich bin Montag mit Verena ins Kino gegangen. Wir haben nicht viel gesprochen. Aber ich halte mich im Kontakt generell zurück.*

Therapeut: *Sie waren bereit, neue Wege zu beschreiten. Ihre Beziehungen mit anderen waren eher so, dass Sie ein offenes Ohr für alle hatten, aber Sie bekamen nie, was Sie wollten.*

Martin: *Ich habe mich gefühlt, wie wenn ich ihr nichts geben könnte. Sie hat mich eingeladen, aber ich habe natürlich bezahlt. Ich war froh, dass sich Verena für mich Zeit genommen hat. Sie hat sich nicht wohl gefühlt wegen einer Männergeschichte. Ich war enttäuscht, dass wir nicht viel gesprochen haben. Aber wie könnte ich zum Beispiel ihre Frage „Martin, wie geht's dir mit der Schule?" beantworten? Ich kann es nicht einfach so erzählen.*

Therapeut: *Was hält Sie davon ab?*

Martin: *Manchmal möchte ich den Leuten einfach nicht die Wahrheit über mich erzählen, wie schlecht es mir geht. So versuche ich, es ein wenig herunterzuspielen.*

Therapeut: Das ist das Symptom der Hoffnungslosigkeit. Was befürchten Sie, wenn Sie es erzählen?

Martin: Sie denken: „Oh, Mann, dieser Martin, egal, wie viel wir ihm helfen, er verhaut immer alles!"

Therapeut: Sie können nicht glauben, dass sie sagen: „Oh, Martin, das tut mir leid, kann ich dir helfen?"

Martin: Ich glaube, dass Verena so reagieren würde, aber ich habe Angst, es zu versuchen. Ich möchte sie nicht enttäuschen. Ich brauche es, dass sie dieses Bild von mir haben, dass es mir gut geht in der Schule, sie sollen mich schätzen. Ich möchte gut dastehen, sonst sagen sie, Martin ist ein Looser.

Therapeut: Sie könnten sehr von Ermunterung profitieren. Was hält Sie davon ab, es zu probieren?

Martin: Es ist komisch, es sagt ja ohnehin niemand, dass ich lausig bin. Oder nein, jemand sagt es: Ich!

Therapeut: Das Gefühl, wertlos zu sein, ist ein Symptom der Depression. Sie und die Krankheit, das sind zwei unterschiedliche Dinge.

Martin: Na ja, ich kann so nicht denken.

Therapeut: Versuchen Sie es einmal!

Martin: Ja, aber das ist sehr schwer. Ich fühle mich wie zwei Menschen: der Martin, der etwas zustande bringt, der fähig ist und erfolgreich sein kann, und der andere, der sagt: Nein, nein, gib auf! Manchmal kämpfen diese Teile sogar gegeneinander.

Therapeut: Wie wäre es, wenn Sie über den schlechten Teil als den Teil Ihrer Krankheit denken und über den anderen Teil „Das bin ich"? Wie würde sich das anfühlen?

Martin: Es fühlt sich so an, dass ich diesen schlechten Teil gerne loswerden würde. Wie ein Gewicht auf meinen Schultern, von dem ich mich befreien möchte. Wie eine Erkältung, von der du willst, dass sie weggeht.

Therapeut: Erinnern Sie sich an die Zeit, als Sie sich gut gefühlt haben, als Sie so 13, 14 Jahre alt waren?

Martin: Ja, in meiner späten Kindheit, ich ging in die Schule, war aktiv, optimistisch, freute mich, neue Leute kennen zu lernen.

Therapeut: Wie waren Ihre Beziehungen zu dieser Zeit?

Martin: Ich hatte Freunde in der Schule, ich fühlte mich wohl. Ich spielte Spiele, war aktiv. Jetzt denke ich nur, anstatt aktiv zu werden oder zu sprechen.

Therapeut: Was ist dann passiert?

Martin: Es ist nicht einfach, zu sehen, was das ausgelöst hat. Das Einzige, an das ich mich erinnere: Ich war verliebt in Mädchen und konnte ihnen nicht näher kommen. Es gab da ein Mädchen, an das ich immer dachte. Wir verloren uns aus den Augen. Es war, als ob ich davongegangen wäre.

Therapeut: Und Sie wagten nie, sie anzusprechen?

Martin: Nein!

Therapeut: Jetzt gibt es dieses Mädchen Verena, sie fühlen sich ihr nahe. Haben Sie es ihr gesagt?

Martin: Nein. Im Urlaub, da gab es ein Mädchen, sie sagte mir, dass sie mich mag. Da rannte ich davon. Ich konnte ihr nicht sagen, wie ich mich fühle, ich bekam Angst.

Therapeut: Kennen Sie dieses Gefühl?

Martin: Ja, ich vermeide, ich laufe davon. Zum Beispiel in der Schule, da habe ich eine Stunde verpasst und bin nicht mehr hingegangen.

Therapeut: Mit wem möchten Sie ein Risiko eingehen?

Martin: Mit Verena.

Therapeut: Was könnten Sie ihr sagen?

Martin: ....

Therapeut: Sie könnten über Verena sprechen, wie wäre es damit?

Martin: Ja, das könnte ich, das wäre aber keine große Herausforderung! Ich muss ihr die Geschichte mit der Schule erzählen.

Therapeut: Sie können so viel erzählen, wie Sie mögen.

Martin: Das könnte ich ausprobieren!

Therapeut: Was könnte die Gelegenheit sein?

Martin: Wir treffen uns heute.

Therapeut: Werden Sie es heute machen?

Martin: Ja, ich versuche es!

Auch Kinder sind betroffen

Wenn Sie an Kinder denken, welches Bild haben Sie dann vor Augen? Bestimmt das von körperlich aktiven und fröhlichen jungen Menschen. Kinder und Depression? Für die meisten ist dieser Zusammenhang unvorstellbar. Doch ist Depression keineswegs nur eine Erkrankung des Erwachsenenalters – Kinder und Jugendliche können ebenso betroffen sein. Allerdings werden 75% der jungen Patienten nicht diagnostiziert (und folglich nicht behandelt). Unter anderem wohl auch, weil Eltern, Lehrer und Umwelt nicht genug darüber wissen bzw. diese Krankheit bei Kindern nicht wahrhaben wollen.

> **Zahlen und Fakten**
> *Treten in den ersten fünf Lebensjahren depressive oder ängstliche Symptome auf, so kann dies auf Risikofaktoren zurückzuführen sein, die bereits in den ersten sechs Lebensmonaten vorhanden waren.*
> → *In der späteren Kindheit leidet eines von sieben Kindern unter psychischen Krankheiten wie Depression, Angst oder Verhaltensauffälligkeiten.*
> → *Nur eines von vier betroffenen Kindern bekommt die Hilfe, die es benötigt.*
> → *Ein Drittel der Kinder mit Depressionen leidet unter Beeinträchtigungen bis ins Erwachsenenalter mit einem deutlich erhöhten Risiko für Suizid und Suizidversuche.*

Wie äußert sich die Depression bei einem Kind?

Kinder und Jugendliche leiden unter ganz ähnlichen Symptomen wie Erwachsene. Sie können **traurig** und **niedergeschlagen** erscheinen, **weinerlich** sein, **keine Lust** auf Aktivitäten haben, die ihnen früher Spaß bereitet haben. Sie fühlen sich **einsam**, **wertlos** und haben **Schuldgefühle** den Eltern oder Geschwistern gegenüber. Bei manchen Kindern äußert sich die Depression auch dadurch, dass sie **gereizt** und **streitsüchtig** sind. Viele Kinder leiden außerdem unter **Ängsten**, die intensiver sind als bei Kindern ohne psychische Probleme. Dazu gehören Ängste vor Situationen wie alleine sein, in einer Gruppe sein, vor Dunkelheit sowie unrealistische Ängste im Hinblick auf die Zukunft und das Wohlergehen der Eltern oder Geschwister, Angst vor Tieren und den Elementen.

Wie bei Erwachsenen ist auch bei Kindern das **Denken und Handeln beeinträchtigt**. Das führt vor allem in der Schule dazu, dass sie **unkonzentriert** sind und Schwierigkeiten haben, sich Dinge wie Hausübungen, Stundenplan oder Schularbeiten zu merken. Damit kann ein Teufelskreis von negativem Feedback über Selbstwertzweifel und Verschlechterung der depressiven Symptomatik entstehen.

Das alles führt schließlich zum Rückzug, weil die Kinder merken, dass sie nicht mithalten können, oder durch Mitschüler und Altersgenossen ausgegrenzt werden.

Rückzug könnte ein Hinweise sein

Daneben treten oft auch körperliche Symptome wie **Müdigkeit** und **Abgeschlagenheit** auf, wodurch die betroffenen Kinder die Freude an Spiel und Bewegung verlieren. Das führt zu einem weiteren Verlust der sozialen Einbindung und noch stärkerem Rückzug in die Isolation.

Auch **Schlafstörungen** und verminderter oder vermehrter **Appetit** sind häufige Symptome, die den Alltag schwierig machen.

Missverstanden und unerkannt

Depression ist eine Erkrankung, die man oft nicht erkennt. Das ist bei Erwachsenen der Fall, besonders aber bei Kindern und Jugendlichen. Da Kinder einer permanenten Entwicklung unterworfen sind und sich damit auch verändern, ist es besonders schwierig, Verhaltensänderungen, die auf eine Depression zurückzuführen sind, richtig zu interpretieren. Je jünger ein Kind ist, desto schwieriger ist es, die depressiven Symptome hinter seinem Verhalten zu „entdecken".

Häufige Gründe, warum eine kindliche Depression übersehen wird:
- → Die Eltern leiden selbst unter psychischen Problemen und wollen die Krankheit beim Kind nicht wahrhaben.
- → Geht die depressive Symptomatik mit Rückzug einher, so wird das Kind oft als „braves, angenehmes" Kind bzw. als „ruhiger, schüchterner" Schüler verkannt.
- → Umgekehrt – wenn sich die Depression in Gereiztheit und Unruhe äußert – beurteilt man das Kind als „schlecht erzogen" oder „aufsässig". Dann werden Kinder und auch Eltern für dieses Verhalten verantwortlich gemacht, was die Verzweiflung auf allen Seiten noch verstärkt.
- → Die Depression kann mit anderen psychischen Krankheiten einhergehen, die im Vordergrund stehen. Das können Ängste sein, eine Sozialphobie, posttraumatische Belastungen, Essstörungen, Lernstörungen oder Hyperaktivität.
- → Depressive Episoden treten besonders häufig bei Lebensveränderungen wie Eintritt in den Kindergarten, Schulbeginn, Trennung der Eltern, körperlichen Krankheiten und Verlust von Freundschaften auf. Daher werden die Symptome häufig als natürliche Reaktion auf dieses Ereignis fehlgedeutet.

Depression im Verlauf der kindlichen Entwicklung

Kleinkindalter

Essenziell für die seelische Gesundheit eines Menschen ist die ungestörte Bindung des Kindes an eine Bezugsperson. **Trennung und Bindungsstörungen** im frühen Kindesalter sind daher Grundlagen für psychische Probleme.

Der **frühe Verlust der Bezugsperson** kann schon bei Säuglingen zu depressiven Symptomen führen. Neben der Trennung wirkt sich auch eine **gestörte Bindung** der Eltern zum Kind negativ auf dessen psychische Entwicklung aus.

Ab wann wird eine Trennung zur Gefahr?

Die längere Trennung des Kindes von seinen Bezugspersonen wird als Ausgangspunkt für eine krank machende Entwicklung gesehen. Gemeint sind damit Zeiten von mehreren Wochen, mindestens aber zwei Monaten. Erfolgt die Wiedervereinigung mit der Bezugsperson vor dieser Frist, verschwinden die Störungen wieder und das Kind ist in der Lage, die normale Entwicklung aufzuholen. Allerdings besteht hier die Gefahr von verborgenen Störungen, die erst im späteren Leben in Erscheinung treten, wie z.B. eine erhöhte Depressionsanfälligkeit. In Ausnahmefällen führt schon eine kürzere Trennungsphase zu bleibenden psychischen Beeinträchtigungen.

Andauernde Trennung von einer Bindungsperson löst einen mehrphasigen Trauerprozess aus, im Zuge dessen die Trennung mehr oder weniger gut verwunden wird. Notwendige Momente der Trauer sind die (unrealistische) Suche nach der Bezugsperson sowie Aggression und Wut, die sich auch gegen die verlorene Bezugsperson richten. Ziel des Trauerprozesses ist es, die Abwesenheit der Bindungsperson zu akzeptieren.

Kindergartenalter

Mit dem Eintritt in den Kindergarten müssen Kinder erstmals lernen, sich vorübergehend von der Bezugsperson zu trennen, sich in eine Gruppe einzufügen und ein anderes Regel- und Wertesystem als zu Hause zu akzeptieren.
In der Übergangsphase kann es zur Rückkehr zu früheren Entwicklungsstadien mit Einnässen und Einkoten kommen. Auch sprachliche Rückschläge können auftreten.
Bei Kindern mit Risikofaktoren (siehe *Seite 240*) entwickelt sich oft zusätzlich eine depressive Symptomatik mit Rückzug oder Aggressivität anderen Kindern gegenüber, Spielunlust, Interessenverlust an sozialen Aktivitäten, Essproblemen, Schlafproblemen und körperlichen Beschwerden wie Bauchweh oder Kopfschmerzen. In weiterer Folge kann es zur Verweigerung des Kindergartenbesuches kommen und zu einer tiefen Verzweiflung, die auch eine Todessehnsucht einschließen kann, obwohl Kinder in diesem Alter keinen Begriff von Tod haben.

Schulalter

In dieser Lebensphase spielen die Einbettung in eine Gruppe und das Erbringen von Leistung eine große Rolle. Diese neue Anpassungsleistung wird durch eine Depression natürlich massiv erschwert. Denken wir an Depressionssymptome wie Antriebslosigkeit, Merkfähigkeitsprobleme und Konzentrationsschwierigkeiten, dann wird klar, dass Leistungseinbußen wahrscheinlich sind, die sich wiederum negativ auf den Selbstwert auswirken und die Situation weiter verschlimmern.
Dazu kommen Versagensängste und Grübeln. Da betroffene Kinder keine Lust haben, sich in der Freizeit mit Freunden zu treffen oder Sport zu treiben, können sie auch Stress schlecht abbauen.

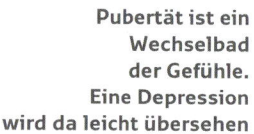

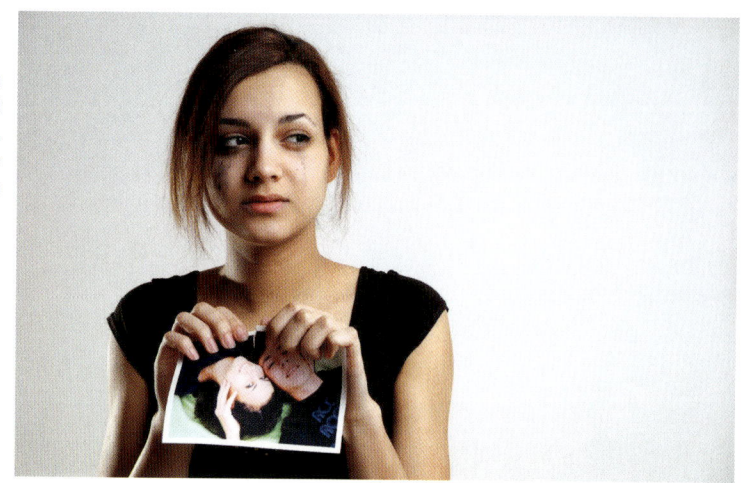

Pubertät ist ein Wechselbad der Gefühle. Eine Depression wird da leicht übersehen

Präsentiert sich die Symptomatik einer Depression als Gereiztheit und motorische Unruhe, so verbergen diese Kinder ihre Stimmung hinter Aktivität und Umtriebigkeit. Wichtig ist die Abgrenzung von der Aufmerksamkeitsdefizit-Hyperaktivitätsstörung (ADHS), bei der die Kinder meist vergnügt und lustig sind, sowie von der bipolaren Störung, die durch einen phasenhaften Verlauf gekennzeichnet ist.

Auch körperliche Symptome wie Kopfschmerzen, Bauchschmerzen mit Übelkeit sowie Schlaflosigkeit, Appetitverlust oder übermäßiges Verlangen nach Zucker und Kohlenhydraten sind nicht selten. Im Schulalter können die Kinder schon Suizidideen haben oder Suizidversuche unternehmen. In diesem Alter sind 1–2% aller Kinder von Depressionen betroffen.

3–8% aller Kinder und Jugendlichen unter 18 Jahren sind zu irgendeinem Zeitpunkt von Depressionen betroffen.

Jugendliche

Mit Beginn der Pubertät steigt das Risiko, an einer Depression zu erkranken, vor allem bei Mädchen stark an (das Verhältnis junge Männer zu jungen Frauen beträgt 1:2). Die psychosozialen Herausforderungen an Mädchen sind in dieser Phase besonders groß, die körperlichen Veränderungen müssen verarbeitet werden.

Nun ist aber die Pubertät ein Wechselbad der Gefühle, Unzufriedenheit mit sich selbst und Weltschmerz sind Teil der Entwicklung. Auch Arbeitsunlust und -verweigerung sowie Gereiztheit und eine normale Verschiebung des Schlafrhythmus (späteres Einschlafen und längeres Schlafbedürfnis am Morgen) können die Abgrenzung zur Depression schwirig machen.

In dieser Phase geht es um Autonomie und Selbstständigkeit, deshalb sind Angebote durch Erwachsene, insbesondere durch die Eltern, für Jugendliche oft schwer anzunehmen.

Gefahr Suizid

Wie verstehen Kinder den eigenen Tod?

Kindern zwischen drei und fünf Jahren fehlt das Verständnis der Irreversibilität des Todes. Sie gehen davon aus, dass der Tod ein vorübergehender Zustand ist wie der Schlaf. Ab neun Jahren erkennen sie bereits die Endgültigkeit des Todes.

→ Bis zum 10. Lebensjahr sind Suizide extrem selten.
→ Die Häufigkeit von Suizidversuchen steigt mit der Pubertät stark an und ist ab dem 15. Lebensjahr eine schwer wiegende Komplikation der Depression.
→ Suizid stellt die dritthäufigste Todesursache bei Kindern und Jugendlichen bis 18 Jahre dar.

Suizid bei Jugendlichen ist Impulshandlung

Bei 80–90% aller Suizide liegt eine Depression vor. Die typischen depressiven Symptome vor dem Suizid sind tiefe Hoffnungslosigkeit, Minderwertigkeitsgefühl, das Gefühl von großer Schuld an der Situation, Ohnmacht, Einsamkeit und das Gefühl, von niemandem geliebt zu werden.

Der Suizid bei Jugendlichen geschieht im Rahmen einer psychosozialen Krisensituation. Die wichtigsten Auslöser sind Familienkonflikte, Liebeskonflikte, Schulprobleme und Entwicklungskrisen.

Während man bei Erwachsenen zwischen der Fantasie zur Suizidabsicht, dem Versuch und der Handlung unterscheidet und das Suizidrisiko entsprechend einschätzen kann, kommt es bei Jugendlichen häufiger zu impulsiven Handlungen, die auch Todesfolgen haben können, selbst wenn diese gar nicht beabsichtigt waren.

Jugendliche können auch oft das Risiko einer Handlung nicht abschätzen und gefährden sich dadurch selbst. Alkohol und Drogen setzen die Hemmschwelle herab und können eine Situation erst gefährlich machen. Darüber hinaus fehlt bei vielen Jugendlichen die intellektuelle Einsicht, um Risikosituationen einschätzen zu können. Das hängt natürlich auch vom Alter ab. Je älter ein Jugendlicher ist, desto größer ist allerdings die Gefahr, da er besser abschätzen kann, welche Methode zum Tod führt.

> *Achtung!* Wenn ein Kind über Todessehnsucht oder Suizid spricht, besteht große Gefahr! Das Kind muss unbedingt ernst genommen werden und ärztliche Hilfe bekommen!

Gefährlicher Nachahmungseffekt

Dass der Nachahmungseffekt ein gravierendes Risiko für einen Suizid darstellt, ist heute weitgehend bekannt. Früher sprach man auch vom Werther-Syndrom, denn Goethe hat mit seinem Roman über die Leiden des jungen Werther einige Suizide ausgelöst. Diese Erkenntnis ist nun in die Prävention eingeflossen. Es gibt eine Empfehlung der WHO für Medien, über Suizide in sachlicher Form zu berichten und Begriffe wie Suizidepidemie zu vermeiden. Neue Forschungen haben gezeigt, dass Berichterstattung mit Aufzeigen von Wegen und Lösungsmöglichkeiten in schwierigen Situationen sogar einen positiven Effekt hat und danach weniger Suizide auftreten. Dies wird als Papageno-Effekt bezeichnet: Papageno wollte sich nach dem Verlust von Papagena selbst töten, konnte aber davon abgehalten werden, weil ihm Lösungswege eröffnet wurden.

Suizidforen im Internet

Unbemerkt von ihren Eltern, tauschen sich Heranwachsende häufig in Internetforen über ihre Suizidideen aus. Es ist dies ein Ort, an dem sie sich ohne Druck und Zwang „aussprechen" können und mit ihrer Verzweiflung angenommen werden. Die Gesellschaft für Suizidologie hat dazu eine Stellungnahme erarbeitet, deren Eckpunkte sind:

→ Die Suizidabsicht wird nicht durch die Foren erzeugt, sie besteht bereits, wenn jemand dort darüber berichtet.
→ Es ist eine Fehlannahme, dass ein Jugendlicher, der sich im Internet mitteilt, auch persönlich erreichbar wäre.
→ Die Problematik der Suizidforen kann nur vor dem Hintergrund des allgemeinen Umgangs der Gesellschaft mit diesem Thema verstanden werden. In den Foren entsteht ein Freiraum, suizidale Gedanken zu formulieren, die im Alltag tabuisiert werden. Jugendliche brauchen einen Ort, wo sie sich mit diesem schwierigen Thema auseinandersetzen können.

Es ist wichtig, dass neben den Webseiten, welche Tötungsmethoden diskutieren, auch webbasierte Informationen über Hilfsangebote zur Verfügung stehen. Peer Support über das Internet wäre hier ein guter Weg, wie z.B. ein Projekt aus Freiburg zeigt, das von Jugendlichen in Suizidgefahr gut angenommen wird: www.u25-freiburg.de/

Depression kennt kein Alter | **KAPITEL** 7

Suizidrate bei Kindern

Die Suizidraten sind in Österreich durch Prävention, Information und Verbesserung der Behandlungsmöglichkeiten stetig gesunken; dies trifft auch auf Kinder und Jugendliche zu.

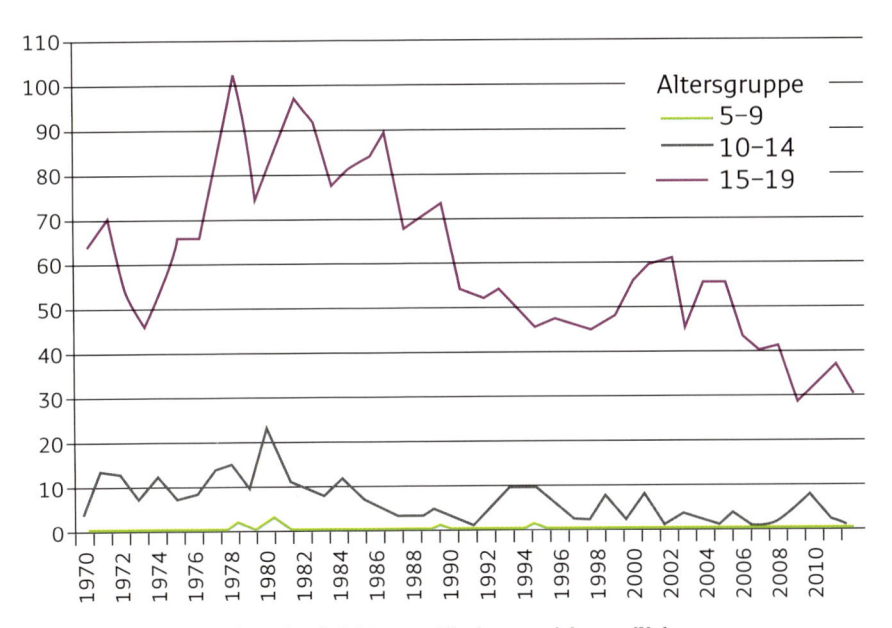

Abb.: Absolute Zahl der Suizide von Kindern und Jugendlichen

Quelle: Kapusta 2012 (www.suizidforschung.at/statistik_suizide_oesterreich.pdf)

Woher kommt die Depression bei Kindern?

Die Anfälligkeit für eine Depression ist durch die genetische Ausstattung und die damit zusammenhängenden biochemischen und hormonellen Prozesse mitbestimmt. Genetische Faktoren betreffen nicht nur die biochemischen Vorgänge, sondern auch das Temperament sowie die Bewältigung von Stress und negativen Lebensereignissen. Diese Zusammenhänge sind für Kinder vor der Pubertät allerdings weniger stark ausgeprägt.

Selten ist ein einziges Ereignis schuld

Mehr als 95% aller depressiven Episoden bei Kindern entstehen im Zusammenhang mit lang andauernden psychosozialen Problemen wie Familienstreitigkeiten, Scheidung, Trennung, häusliche Gewalt, körperlicher oder sexueller Missbrauch, Schulprobleme und soziale Isolation.

Nur selten führt ein einziges akutes negatives Lebensereignis zur Depression. Meistens beginnt die Depression kurz nach dem Eintreten eines zusätzlichen Auslöseereignisses vor dem Hintergrund chronischer Schwierigkeiten. In einem Drittel der Fälle entwickelt sich die Erkrankung eher langsam ohne spezifisches Auslöseereignis.

Das Risiko beginnt bereits vor der Geburt

Eine sichere Bindung zur primären Bezugsperson in den ersten Lebensjahren ist die Voraussetzung für psychische Gesundheit, vor allem beim Vorliegen von Risikogenen. Aber schon vor der Geburt des Kindes können wir von Risikokonstellationen sprechen. Bei Depression oder Angst der Mutter während der Schwangerschaft kommt es häufiger zu auffälligem Verhalten beim Kind sowie zu Problemen in der kognitiven und emotionalen Entwicklung.
Die Grundlage dieser Probleme ist das „fetal programming", wobei die Plazenta für das Kortisol („Stresshormon") durchlässiger wird. Damit ist das Ungeborene einer großen Menge an Kortisol ausgesetzt.
Dass die erfolgreiche Behandlung der mütterlichen Depression gleichzeitig die psychiatrischen Auffälligkeiten der Kinder verringert, konnte in einer Studie gezeigt werden. Kinder von Müttern, die erfolgreich mit Antidepressiva behandelt wurden, zeigten signifikant verminderte Symptome von Angst, Depression und antisozialem Verhalten. Die Kinder jener Mütter, die innerhalb von drei Monaten nicht geheilt wurden, entwickelten sogar mehr Symptome als zu Beginn der Behandlung.
Gerade bei elterlicher psychischer Erkrankung ist dieser Zusammenhang besonders wichtig, da die Kinder häufig schon ein genetisches Risiko aufweisen und so eine sichere Bindung das Risiko abpuffern könnte.

Schutz und Risiko

Folgende Risiko- und Schutzfaktoren können die Entwicklung von Depressionen bei Kindern beeinflussen:

KIND: Fähigkeiten und Bedürfnisse

Schutz:
+ gute Fertigkeiten in Bezug auf freundschaftliche Kontakte
+ optimistische Bewältigungsstrategien

Risiko:
− geringer Selbstwert
− negative Denkmuster

FAMILIE

Schutz:
+ familiäre Harmonie und Stabilität
+ unterstützende Eltern
+ stabiles familiäres Wertesystem

Risiko:
− jede Form von Kindesmissbrauch oder Verwahrlosung
− Familienkonflikt oder Trennung
− strenger oder stets wechselnder Erziehungsstil
− Eltern mit psychischer Erkrankung, Alkohol- oder Drogenmissbrauch

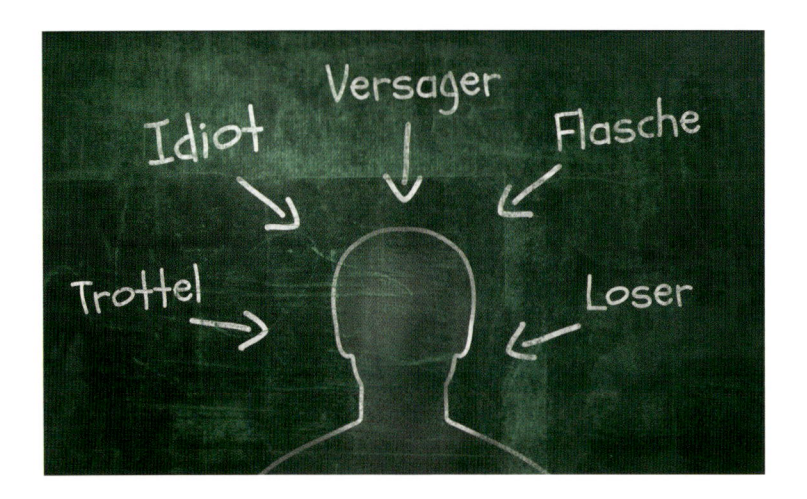

SCHULE

Schutz:
+ positives Schulklima, das Integration und Gemeinschaft fördert
+ unterstützende Angebote in schwierigen Phasen

Risiko:
− Zurückweisung von der Klassengemeinschaft
− Misserfolg in der Schule
− wenig Kontakt zu anderen in der Schule

LEBENSEREIGNISSE

Schutz:
+ Kontakt zu einem Erwachsenen, von dem das Kind Hilfe erwarten kann
+ unterstützende Angebote in schwierigen Phasen, z.B. durch Verwandte, Freunde, Lehrer, Beratungsstellen

Risiko:
− Schwierigkeiten bei Schulwechsel
− Tod eines Familienmitglieds
− traumatisierendes Ereignis

GESELLSCHAFT

Schutz:
+ Einbindung in soziales Netz
+ Zugang zu Unterstützung
+ wirtschaftliche Sicherheit
+ starke kulturelle Identität

Risiko:
− Diskriminierung
− Isolation
− finanzielle Schwierigkeiten
− fehlender Zugang zu Unterstützungsangeboten

Wer sich von der Gesellschaft isoliert, ist stärker gefährdet

Diagnose: Allgemeinmediziner, Kinderarzt oder Psychiater?

Erste Anlaufstelle bei Verdacht auf eine kindliche Depression ist der praktische Arzt oder Kinderarzt, der eine organische Erkrankung ausschließen kann. Die Diagnose wird dann im Rahmen eines klinischen Interviews gestellt, wobei bis zum 12. Lebensjahr die Beschreibung durch die Eltern einen wichtigen Stellenwert einnimmt; ab 12 Jahren wird das Gespräch mit dem Jugendlichen selbst immer wichtiger.

Die Diagnose „Depression" ist von der Anzahl der Symptome und deren Dauer abhängig. Für eine leichte Depression müssen vier der charakteristischen Symptome (siehe *Seite 51*) länger als zwei Wochen vorhanden sein.

Wie verläuft eine kindliche Depression?

Die Erkrankung kehrt immer wieder. Jede einzelne Episode dauert zwischen drei und acht Monate. Je mehr Risikofaktoren wie zusätzliche Diagnosen, elterliche psychische Erkrankung, Suizidgedanken und -versuche vorhanden sind, desto länger dauert eine depressive Episode – bei einem von fünf Kindern sogar zwei Jahre oder mehr.

Obwohl sich die Erkrankung in den meisten Fällen von alleine wieder zurückbildet, ist eine Behandlung dringend notwendig, da mit jeder Episode eine so genannte „Narbe" zurückbleibt, die das Risiko für eine neuerliche Episode erhöht.

Behandlung

Es ist unabdingbar, dass die Familie in die Behandlung einbezogen wird. Informationen über die Krankheit und deren Behandlung spielen dabei eine wesentliche Rolle. Lassen Sie sich daher vom behandelnden Arzt alles über die Symptome, den Verlauf der Erkrankung und die Behandlungsmöglichkeiten erklären.

Worüber sich alle Eltern depressiver Kinder im Klaren sein sollten:
Depression ist eine Krankheit und nicht die Schuld des Kindes oder seiner Eltern!

Der **Behandlungsplan** erstreckt sich normalerweise über **4 Ebenen:**
→ Familie
→ Freunde
→ Schule
→ Betroffenes Kind

Familie:
Betroffene Kinder haben häufig selbst einen Elternteil mit psychiatrischen Problemen, meist Depression, Angst oder Suchtmittelmissbrauch. Das kann es für die Familie schwer machen, die Behandlungsempfehlungen für das Kind durchzuführen. Wenn allerdings die elterliche Depression erfolgreich behandelt wird, geht dies gleichzeitig mit einer Verbesserung der kindlichen Symptomatik einher. Deshalb ist es wichtig, sich als betroffener Elternteil selbst einer Behandlung zu unterziehen.

Freunde:
Da sich depressive Jugendliche oft mit Leidensgenossen zusammentun, Drogen als Selbstmedikation verwenden und sich in depressionsfördernden Verhaltensweisen verstärken sowie manchmal auch kriminell werden, ist die Förderung positiver Freundschaften wichtig.

Schule:
Die schulische Einbindung und Probleme in der „Peergroup" werden im Rahmen der Behandlung ebenfalls angesprochen, falls solche Faktoren an der Erkrankung beteiligt sind. Eventuell wird der behandelnde Arzt/Therapeut mit den Lehrern ein vermindertes Arbeitspensum bis zur Genesung vereinbaren und deren Verantwortung in Bezug auf soziale Konflikte in der Schule einfordern.

Betroffenes Kind:
Bei leichten Depressionen genügen oft Beratung, Begleitung durch einen „Case Manager", der die Maßnahmen koordiniert, stützende Psychotherapie und die oben geschilderten Interventionen. Nur wenn diese Maßnahmen nicht innerhalb einiger Wochen greifen oder die Depression mittelschwer bzw. schwer ist, kommen die folgenden spezifischen Behandlungsverfahren zum Einsatz:

Psychologische Verfahren

Als effektiv in der Behandlung von Kindern und Jugendlichen haben sich die kognitive Verhaltenstherapie und die interpersonelle Psychotherapie erwiesen (Näheres zu Therapien siehe *ab Seite 157*).
Weitere Methoden schließen Familientherapie und psychodynamische Therapien ein, die vor allem bei kleinen Kindern in Form von Spieltherapie eingesetzt werden. Beratung, Selbsthilfeprogramme und internetbasierte Therapieformen gewinnen zunehmend an Bedeutung.

Medizinische Behandlung

Nicht-medikamentöse biologische Therapien:
→ **Lichttherapie** kommt bei einer kleinen Gruppe von Kindern mit saisonaler Depression (Herbst-Winter-Depression) zum Einsatz.
→ Die Gabe von **Omega-3-ungesättigten Fettsäuren** über 16 Wochen erwies sich bei einer Gruppe von 6- bis 12-jährigen Kindern in einer Studie bisher als effektiv.

Antidepressiva bei Kindern und Jugendlichen
Antidepressiva weisen auch bei Kindern und Jugendlichen einen guten therapeutischen Effekt auf und das Risiko für Suizidideen ist neuen Studien zufolge dadurch erniedrigt.

Hinsichtlich der Sicherheit der SSRI bei Kindern und Jugendlichen müssen z.B. eine mögliche Wachstumsverzögerung, das Auftreten einer Manie (= meist euphorische Stimmung) oder Hypomanie (= abgeschwächte Form der Manie), Absetzprobleme und sexuelle Entwicklungsstörungen in Betracht gezogen werden.

Die medizinische Abklärung vor der Verschreibung sollte immer eine Routineblutuntersuchung (inkl. Schilddrüsenwerte und Prolaktin), ein EKG und eine eingehende klinische Untersuchung beinhalten.

Wenn die medikamentöse Therapie erfolgreich ist, soll sie mindestens sechs bis zwölf Monate beibehalten werden, um einen Rückfall zu verhindern.

Kombination von Psychotherapie und Medikamenten

Welchen Vorteil hat die Kombination von Psychotherapie und Medikamenten?
Die Kombination von kognitiver Verhaltenstherapie und Medikation ist wirksamer als nur die einzelne Behandlungsform.

Ihre Fragen – unsere Antworten

→ *Können auch Kleinkinder von einer Depression betroffen sein?*
Ja, sogar Säuglinge können bereits depressive Symptome zeigen. In der späteren Kindheit leidet eines von sieben Kindern unter irgend einer psychischen Krankheit. Allerdings wird bei 75% der erkrankten Kinder und Jugendlichen die Depression nicht erkannt und daher auch nicht behandelt.

→ *Warum ist es so schwierig, Depressionssymptome bei einem Kind zu erkennen?*
Die Symptome sind zwar denen bei erwachsenen Patienten ähnlich (Niedergeschlagenheit, Lustlosigkeit, Hoffnungslosigkeit, Konzentrationsprobleme, Antriebslosigkeit, Ängste, Gereiztheit), allerdings werden sie bei Kindern oft als „brav und ruhig", „schlimm und aufsässig" fehlgedeutet. Dazu kommt, dass depressive Episoden vor allem in Krisensituationen und bei Lebensveränderungen auftreten. So werden die Anzeichen einer Depression beispielsweise bei Eintritt in den Kindergarten, Schulbeginn, Verlust von Freundschaften, Trennung der Eltern, Liebeskonflikten etc. meist als normale Reaktion gewertet und man übersieht, dass hier eine Depression entsteht. Außerdem ändern Kinder aufgrund ihrer steten Entwicklung ihr Verhalten permanent, sodass Verhaltensänderungen im Hinblick auf eine Depression nicht so auffallen.

→ *Worin liegen die Ursachen einer kindlichen Depression?*
Wie beim Erwachsenen spielen auch beim Kind genetische und biochemische Faktoren (Botenstoffe im Gehirn) eine Rolle. Allerdings kommen noch weitere gravierende Risikofakto-

ren hinzu. Beispielsweise führt eine längere Trennung (ab zwei Monaten) von der primären Bezugsperson in den ersten sechs Lebensmonaten zu einer krank machenden seelischen Entwicklung und erhöht die Depressionsgefahr. Auch psychische Krankheiten der Mutter während der Schwangerschaft und eine gestörte Eltern-Kind-Bindung wirken sich schädlich aus.

→ *Wie gefährlich sind Internetforen, in denen sich Jugendliche über Suizid austauschen?*
Eine Absicht zum Suizid wird nicht durch diese Foren erzeugt, sondern ist bereits vorhanden, wenn jemand sich darüber mitteilt. Es ist nicht belegt, dass die Suizidgefahr durch Internetforen verstärkt wird.

→ *Welche Faktoren können Kinder vor Depressionen schützen?*
Gute Kontaktfähigkeit, optimistische Bewältigungsstrategien, familiäre Harmonie und Stabilität, ein positives Schulklima, Kontakt zu unterstützenden Erwachsenen etc.

→ *Sind Eltern schuld, wenn ihr Kind depressiv wird?*
Nein! Weder die Eltern noch das Kind sind schuld, sondern Depression ist eine Krankheit. Man kann allerdings danach trachten, das Umfeld und die Verhältnisse für das Kind so zu gestalten, dass die Schutzfaktoren die Risikofaktoren überwiegen.

Wissenswertes/ Nützliche Informationen

Wo Sie Unterstützung finden

Wenn Sie sich sehr niedergeschlagen fühlen bzw. den Verdacht haben, an einer Depression zu leiden, können Sie sich primär an folgende Stellen wenden:
→ niedergelassene Ärzte für Allgemeinmedizin
→ niedergelassene Ärzte für Psychiatrie
→ in akuten Fällen an eine Spitalsambulanz für Psychiatrie

Auch *Psychologen und Psychotherapeuten* können maßgeblich in die Diagnose und Behandlung einbezogen sein bzw. als erste Ansprechpersonen fungieren. *Psychotherapeutische Versorgungsvereine* haben mit zahlreichen Krankenversicherungsträgern Verträge zur Bereitstellung von Psychotherapie abgeschlossen. *Psychosoziale Dienste und Einrichtungen* tragen wesentlich zur Vernetzung und Versorgung im Bereich der psychischen Erkrankungen bei. *Selbsthilfegruppen* bieten sowohl Betroffenen als auch Angehörigen Unterstützung.

Vor allem gibt es zahlreiche Anlaufstellen der Krankenversicherungsträger. Die Zahl der Ansprechstellen ist allerdings derart groß, dass ihre vollständige Aufzählung den Rahmen dieses Buches sprengen würde. Zudem ändern sich sowohl Daten als auch Ansprechpartner laufend. Um Sie auf dem aktuellen Stand zu halten und Ihnen einen vollständigen Überblick zu geben, haben wir einen eigenen link eingerichtet, unter dem Sie – laufend aktualisiert – alle Adressen und Telefonnummern finden:
http://www.hauptverband.at/Buchreihe-Depression

Glossar: Was bedeutet was?

Agoraphobie
Angst vor der Außenwelt

Allel
Ausprägung eines Gens

Antidepressivum
Medikament zur Behandlung von Depressionen

Bipolare Störung
Psychische Erkrankung, bei der euphorische (manische) und depressive Phasen wechseln; früher auch „manisch-depressive Erkrankung" genannt

Dysthymie
Chronische Verlaufsform der Depression

Hippocampus
Teil des Großhirns, der zum limbischen System gehört

Kognitive Funktionen
Geistige Funktionen wie Sprechen, Denken, Planen, Aufmerksamkeit, Wahrnehmung

Kortikoide
Überbegriff für Hormone, die in der Nebennierenrinde gebildet werden

Lebenszeitprävalenz
Das Risiko, im Laufe des Lebens an einem bestimmten Leiden zu erkranken

Limbisches System
Gehirnregion, die für das Wahrnehmen und Verarbeiten von Gefühlen mitverantwortlich ist

Morgendliches Pessimum
Morgendliches Stimmungstief

Neuronen
Nervenzellen

Neurotransmitter
Botenstoffe im Gehirn; für das psychische Befinden sind neben anderen die Neurotransmitter Serotonin und Noradrenalin wichtig

Post-Stroke-Depression
Depression, die nach einem Schlaganfall auftritt

Psychoedukation
Spezielle Schulungen für Kranke und deren Angehörige über die psychische Krankheit und den richtigen Umgang damit

Psychomotorik
Zusammenspiel von Gefühlsleben, Wahrnehmung und Bewegung

Psychosomatisch
Körperliche Beschwerden, die von der Psyche beeinflusst werden

Psychosoziale Faktoren
Lebensumstände, Faktoren aus der Umwelt, welche die Entstehung und den Verlauf der Krankheit beeinflussen

Remission
Genesung

Rezidivierend
Wiederkehrend

Somatoform
Körperliche Beschwerden ohne organische Ursache

Notizen